幼儿园科学活动优秀案例精选

梁媛玲 —————— 主编

图书在版编目（CIP）数据

幼儿园科学活动优秀案例精选/梁媛玲主编.
福州：福建教育出版社，2024.11.—ISBN 978-7-5758-0032-7

I.G612

中国国家版本馆 CIP 数据核字第 202489GQ51 号

You'eryuan Kexue Huodong Youxiu Anli Jingxuan
幼儿园科学活动优秀案例精选
梁媛玲　主编

出版发行	福建教育出版社
	（福州市梦山路 27 号　邮编：350025　网址：www.fep.com.cn）
	编辑部电话：0591-83763682
	发行部电话：0591-83721876　87115073　010-62024258）
出 版 人	江金辉
印　　刷	福州印团网印刷有限公司
	（福州市仓山区建新镇十字亭路 4 号）
开　　本	710 毫米×1000 毫米　1/16
印　　张	15.75
字　　数	273 千字
版　　次	2024 年 11 月第 1 版　2024 年 11 月第 1 次印刷
书　　号	ISBN 978-7-5758-0032-7
定　　价	63.00 元

如发现本书印装质量问题，请向本社出版科（电话：0591-83726019）调换。

本书编委会

主　任：梁媛玲　李小方　董　敏
副主任：郭晶晶　肖　丽　王　芳　邱淼淼　王龙彦　林湘湘
编　委：施美苹　陈达佳　颜毅真　江清盆　林少云　杨惠真
　　　　郭小红　陈秀梅

前 言

2016年9月，教育部颁布了《中国学生发展核心素养》，以培养全面发展的人为核心，包括人文底蕴、科学精神等六大素养。2020年9月，习近平总书记在科学家座谈会上指出："好奇心是人的天性，对科学兴趣的引导和培养要从娃娃抓起，使他们更多了解科学知识，掌握科学方法，形成一大批具备科学家潜质的青少年群体。"倡导科学教育推动科技进步是社会经济发展的必然要求，是提高综合国力的重要手段。科学精神是激发民族精神和时代精神的现实需要。幼儿期是科学兴趣、好奇心和创造力养成的关键期。从小对幼儿进行科学教育，提高幼儿的科学核心素养，对于培养面向世界、面向未来社会所需要的人才显得尤为重要。

2021年厦门市同安区被认定为幼儿科学教育示范区，开始尝试开展阿U"幼儿科学STEM"项目建设，致力于幼儿园科学教育实践研究，主要围绕物质科学和生命科学，从幼儿生活中看得见、摸得着、可描述、感兴趣的科学现象入手，根据幼儿的身心发展规律和思维特点，引导幼儿在"大胆猜想—操作验证—交流分享"的反复实践中进行科学学习，在有效的师幼、幼幼、亲子互动合作中不断发现问题、分析问题、解决问题，培养科学精神，形成受益终身的学习态度和能力。在此过程中，提出了培育"小小科学探索家"的教育理念，如下图：

本丛书分为两册，一册为《幼儿园科学主题系列活动设计》，另一册为《幼儿园科学活动优秀案例精选》。

1.《幼儿园科学主题系列活动设计》

本书中的科学主题系列活动主要是指在一段时间内围绕科学领域中幼儿感兴趣的某一个探究点或科学原理点开展的，以幼儿为主体，以整合为方向，幼儿、教师、家长三方深度合作、持续参与的一系列活动。本书精选了适合幼儿园小班、中班、大班开展的11个科学主题系列活动（其中小班2个、中班4个、大班5个）。每个主题系列活动均包含主题由来、主题目标、系列活动一览表和9~12个不同形式的活动等内容，以集中活动、游戏活动、亲子活动等形式为主，各自独立又相互关联，从不同的实施路径共同对幼儿进行科学启蒙教育，发展幼儿的探究能力，促进幼儿全面发展。

2.《幼儿园科学活动优秀案例精选》

本书中的幼儿园科学活动案例，一部分是源于阿U"幼儿科学STEM"项目内容，另一部分是源于幼儿生活与游戏、幼儿兴趣与需要的生成性科学活动内容。根据不同年龄段幼儿的发展需要，精选了适合幼儿园小班、中班、大班开展的37个科学活动（其中小班11个、中班12个、大班14个）。每个案例均含活动由来、活动目标、活动准备、活动过程、活动延伸、教师思考、活动评析等。

本丛书是厦门市同安区一线教师在致力幼儿园科学教育的实践研究中不断探索、思考、研讨、调整的集体智慧的结晶，希望对幼儿园教师开展科学教育有所帮助，由于研究还仅仅处于起步阶段，难免存在问题，敬请指正。

目 录

小班科学活动

1. 神奇的水珠 …………………… 3
2. 小鸭船冲冲冲 ………………… 10
3. 蛋宝宝站起来 ………………… 16
4. 滴水不漏 ……………………… 22
5. 捞泡泡 ………………………… 27
6. 好玩的泡泡器 ………………… 33
7. 好玩的镜子 …………………… 40
8. 不倒翁真好玩 ………………… 47
9. 谁能装进瓶子里 ……………… 53
10. 变大了 ………………………… 60
11. 小火箭飞啊飞 ………………… 64

中班科学活动

1. 谁在推动我（大气压力）…… 71
2. 有趣的转动 …………………… 78
3. 好玩的弹性物品 ……………… 85
4. 有趣的热胀冷缩 ……………… 91
5. 不湿的纸巾 …………………… 97

6　魔幻书镜 …………… 103
  7　多变斜坡跑道 …………… 109
  8　会跑的颜色 …………… 115
  9　让纸站起来 …………… 121
 10　弹跳的泡泡 …………… 127
 11　投石器 …………… 134
 12　探秘指纹 …………… 143

大班科学活动

  1　神奇的转动 …………… 151
  2　神奇的凸透镜 …………… 159
  3　影子的秘密 …………… 165
  4　巧妙连接 …………… 171
  5　小船的承重 …………… 178
  6　小车冲冲冲 …………… 184
  7　会运水的吸管 …………… 191
  8　会唱歌的橡皮筋 …………… 197
  9　有趣的拉线陀螺 …………… 204
 10　神奇的活动桥 …………… 211
 11　好玩的静电 …………… 217
 12　气球变大了 …………… 224
 13　水的皮肤 …………… 230
 14　水有力气 …………… 237

小班科学活动

1 神奇的水珠

设计者：陈红梅（厦门市同安区第三实验幼儿园）
评析者：林雅萍（厦门市同安区第三实验幼儿园）

活动由来

在一个雨后的户外活动时间，孩子们蹲在种植区看到了叶子上的小水珠，兴奋地讨论了起来："树叶上怎么有那么多的小水珠啊？""哪里还有小水珠呢？"孩子们开始在幼儿园里寻找小水珠。他们在滑滑梯上、轮胎里、花瓣上、叶子上找到了小水珠。有的说："水珠宝宝真可爱，我们一起把水珠宝宝收集起来吧。"孩子们拿来了小盒子，将叶子上的小水珠放入小盒子，不一会儿小盒子里充满了水。他们好奇地问："咦，收起来的小水珠不是圆圆的了。""怎么才能再出现圆圆的小水珠呢？"……基于幼儿的问题需求，为了让其在原有的经验上"跳一跳"，以激发幼儿进一步探究的愿望，教师设计了本次科学活动，让幼儿探索水珠形成的秘密。

活动目标

1. 感知水滴落在不同材质的物体表面上形成的形状是不同的。
2. 初步了解让水滴落在不易吸水的物体上才能形成圆滚滚的小水珠。
3. 喜欢和小水珠做游戏，乐于看到小水珠的多种变化形态。

活动准备

1. 经验准备：见过小水珠，知道有些小水珠是圆形或椭圆形的。
2. 物质准备：树叶、棉布、A4纸、塑料垫板、塑料袋、生宣、卡纸，（见图1）

小勺、小棒、吸管、小杯子、滴管、颜料,(见图2)记录纸等。

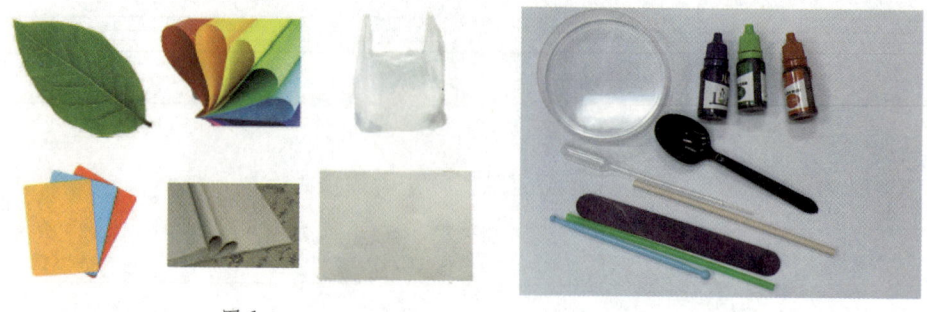

图1

图2

活动过程

一、回顾问题,探索小水珠的形成

1. 幼儿选择一片叶子,探索怎么样在叶子上形成小水珠。

引导语:前几天我们在散步时发现叶子上有小水珠,我们把小水珠收集在小盒子里,结果圆圆的小水珠放入盒子里都汇聚在一起了。现在让我们一起来试一试,如何才能让叶子上再次出现小水珠。大家一起去玩一玩吧。

2. 分享交流:你的叶子上出现小水珠了吗?你是怎么玩的?小水珠是什么形状的?

幼1:我用滴管从小盒子里吸水滴在叶子上,叶子上就出现了圆圆的小水珠。

幼2:我用手指沾水滴在叶子上,小水珠就出现了,是扁扁、圆圆的。

幼3:我也是用这样的办法,我的水珠很像椭圆形状。

师:你们摸一摸,叶子是光滑的还是涩涩的?

幼4:叶子摸起来滑滑的。

幼5:叶子摸起来是光滑的。

3. 梳理小结:叶子摸起来是光滑的,将水滴在光滑的叶子上,小水珠就出现了。小水珠有圆的、椭圆的等形状。

二、操作实践,探索在不同材质的物体表面上形成的小水珠形状

1. 介绍操作材料,让幼儿猜想小水珠在这些材料上会是什么形状。

引导语:老师手里的这些东西你们认识吗?它们分别是生宣、A4纸、棉布、塑料袋、塑料垫板。将各种颜色的水滴在这些材料上,你们猜猜看小水珠会被吸

走还是会保持圆圆的形状呢？（见图3）请你们动手试一试，并将你们的发现记录在记录表上，和大家分享。

图3

2.出示记录表（如下表），提出要求。

材　料	猜　想	结　果

3.幼儿探索操作，教师巡回观察、指导。

4.交流分享：水滴在哪些材料上能形成小水珠，在哪些材料上不能形成小水珠？小水珠又是什么样子的呢？谁来分享一下自己的操作结果？

幼1（展示操作的结果）：我将红色水滴在宣纸上，红色水就被宣纸吸走了，宣纸上有一个红色的圆形印迹。

幼2：红色水滴在塑料袋上，出现了一个红色的、圆圆的小水珠。

小班科学活动

幼3（边演示边答）：我将黄色水滴在棉布上，棉布吸走了水，只留下一个印迹。

幼4：我用吸管将蓝色水吸起来滴在塑料垫板上，能出现蓝色小水珠。

幼5：我将水滴在A4纸上，A4纸有点湿了，水珠变得有点扁扁的。

师：刚才小朋友们分享了自己的操作结果，发现水滴落在塑料垫板、塑料袋和A4纸上，都能形成小水珠。水滴在哪种材料上最容易形成小圆球的样子呢？

幼6：水滴落在塑料垫板、塑料袋上最容易形成小圆球。

5.梳理小结（结合记录表）：水滴在生宣、棉布上，没有办法形成小水珠，因为生宣、棉布有吸水性。水滴在塑料袋、塑料垫板上能形成小水珠，因为塑料袋和塑料垫板没有吸水性。因此，水滴在吸水性好的材料上无法形成小水珠，滴在吸水性较差的材料上，能形成小水珠。

三、与小水珠做游戏，感受小水珠的多种变化形态

1.幼儿和小水珠做游戏。

引导语：我们通过实验操作，发现在塑料袋、塑料垫板上能形成小水珠，老师这边有一些工具，（见图4）请你们去刮一刮、吹一吹、摇一摇，和小水珠做游戏吧。

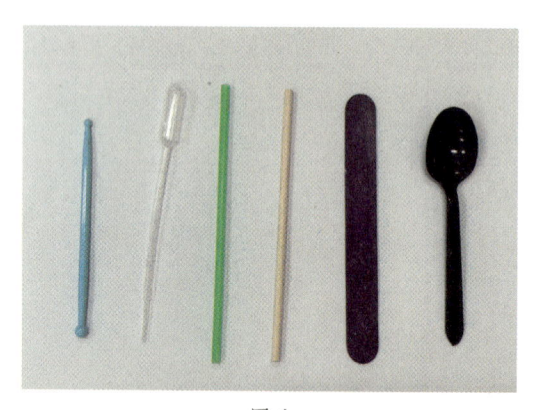

图4

2.幼儿自由探索与小水珠做游戏。

师：你将小水珠滴落在哪个物品上，是用什么方法、怎么玩的？小水珠有什么变化吗？说一说你的发现。

幼1：我将水滴落在塑料垫板上，吹一吹，小水珠就滚到另一边去了。

幼2：我用小勺刮小水珠，小水珠就变成三个了。

幼3：我将水滴两滴在塑料袋上形成两个小水珠，摇一摇，两个小水珠就合在一起变成一个大水珠。

3. 梳理小结：小水珠可真有趣，我们可以通过吹一吹、刮一刮、抛一抛、摇一摇的方法，让小水珠滚动起来。有的小水珠分成两个、三个，有的合并成一个。（见图5~8）

图5

图6

图7

图8

四、自由制作水珠画，感受小水珠创作的艺术美

1. 引导语：小水珠真可爱，请你们自己选择一种材料，滴上小水珠，制作出漂亮的水珠画吧。（见图9~10）

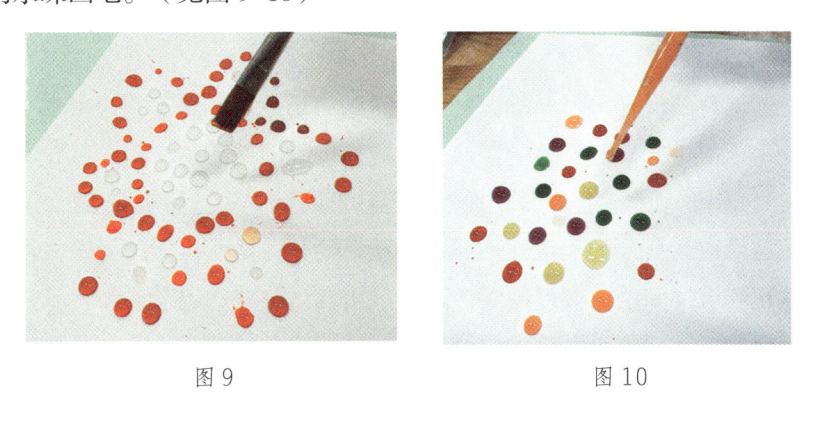

图9

图10

小班科学活动　7

2. 幼儿创作，教师巡回观察、指导。

3. 展示作品，分享交流。

师：你们用小水珠制作出了什么作品呢？

幼1：我用小水珠滴出了一朵红色的花。

幼2：我制作了一个水珠迷宫。

4. 梳理小结：各种颜色的小水珠滴落在我们的塑料垫板、塑料袋上，形成了一幅幅漂亮的作品，（见图11~12）小朋友们的想象力真丰富。我们也可以在区域活动中继续探索小水珠，制作出更多好看的水珠画。

图11 　　　　　　　　　图12

活动延伸

在区域活动中提供其他材料，如报纸、图书封面、木块、塑料片等，让幼儿猜想水滴落到这些物品上形成的水珠是什么形状，再操作探索，验证是否和自己的猜想一致。

教师思考

在本活动环节设计中，教师以幼儿的问题为切入点，激发幼儿探索小水珠的形成，为后续的探究做好经验的铺垫。通过提供不同材质的材料，引导幼儿通过猜想、实践操作、观察、比较，发现水滴落在不同材质的材料表面上形成的形状，并发现水珠形成与材料的吸水性不同的关系。幼儿在操作探索过程中与同伴一起猜测、发现和解决问题，梳理经验，并尝试用自己的方式记录下来。

在活动中，教师注重活动的整合性，与艺术领域的结合，让幼儿自由想象，用自己的方法进行艺术创作活动，让幼儿觉得科学活动就像游戏一样，充满着自由、想象与快乐。但由于水珠画作品不大容易展示，因此幼儿在分享自己作品时，不容易让其他多数幼儿欣赏到，教师应该及时将作品拍照，让更多的幼儿都能欣赏到作品，并注意引导幼儿大胆介绍自己的作品。

活动评析

1. 能基于幼儿在户外活动中发现的问题及需求生成活动。

本次活动环环相扣，层层推进，通过从易到难的问题，推动幼儿与同伴深入探究。在活动过程中，教师能以问题为导向：如何才能让叶子上出现小水珠？在什么材料上能出现小水珠？小水珠可以怎么玩？引导幼儿探索水珠的形成、在不同材质的材料表面上形成的水珠形状，让幼儿在动手玩水珠中发现水珠的变化并大胆创作，在玩中学，学中玩。

2. 提供的操作材料严谨，有代表性。

让幼儿在一次次的操作实验中感受到不同材料对水珠形成的影响、用不同的工具能和水珠玩出不一样的花样。

3. 鼓励幼儿合作探究，培养良好的学习品质。

在活动过程的第二个环节中，教师引导幼儿在小组中与同伴一起猜想、操作实验、记录水珠在不同材料上的形态，幼儿自发形成"学习共同体"，在"学习共同体"的氛围中做游戏，探索的积极性更高了。

2. 小鸭船冲冲冲

设计者：陈美圆（厦门市同安区教师进修学校附属幼儿园）
评析者：黄晓勤（厦门市同安区教师进修学校附属幼儿园）

活动由来

玩小鸭船是孩子们非常感兴趣的一项活动，在玩的过程中他们也总是能提出很多的问题，怎么让小鸭船快快往前冲？有什么工具能帮小鸭船游得更快？但是他们对小鸭船的游戏只局限于用同一种材料进行摆弄，小鸭船"尾巴"的材质、所放物品的数量、橡皮筋转的圈数等等都会影响到小鸭船的速度，这些都是引发幼儿持续探究的要点。《3~6岁儿童学习与发展指南》（以下简称《指南》）指出："幼儿科学学习的核心是激发探究兴趣，体验探究过程，发展初步的探究能力。"教师的任务是为幼儿提供丰富的操作材料，引导幼儿通过观察、比较、操作、实验等方法，获得和积累经验。因此，基于对《指南》精神的把握，以及本班幼儿的兴趣特点，教师从幼儿的问题入手，设计了本次活动，让幼儿通过大胆猜测，以及自由探索，激发幼儿对科学探索的兴趣，并且在探索中掌握小鸭船快快往前冲的秘密。

活动目标

1. 喜欢玩小鸭船，对小鸭船前进的现象感兴趣。
2. 知道要在同一起点同时出发才能比较小鸭船前进的速度。
3. 初步了解小鸭船前进的速度与橡皮筋转的圈数、尾部夹物之间的关系。

活动准备

1. 经验准备：幼儿已经用材料完成小鸭船的制作。

2. 物质准备：小鸭船人手一个，大小不同的雪花片若干，雪糕棒若干，圆片若干，橡皮筋若干等。（见图1）

3. 环境创设：小水池。

图1

活动过程

一、和小鸭船做游戏导入，初步感知小鸭船"游泳"的现象

1. 幼儿自由选择一个小鸭船，探索怎么样让小鸭船"游"起来。

引导语：前几天我们一起制作了小鸭船，现在我们一起来玩一玩，试着让你的小鸭船在水里游起来。

2. 分享交流：你的小鸭船游起来了吗？你是怎么玩的？

幼1：我是用大力气吹着让小鸭船游起来的。

幼2：我是把小鸭船的"小尾巴"转了几圈，小鸭船就在水里游起来了。

幼3：我也是用这样的办法，但我是按反方向转的，小鸭船也能游起来。

幼4：我是转了好几圈的"小尾巴"，小鸭船就能游得好久好久。

3. 梳理小结：用吹、往前转"小尾巴"、往后转"小尾巴"等方法都能让小鸭船游起来。

二、通过操作尝试、分享交流等方式，了解正确比较小鸭船前进速度的方法

1. 幼儿自由选择两个一模一样的小鸭船，试着玩一玩，比一比。

引导语：桌上的每个盘子里都有两个一样的小鸭船，（见图2）现在请你们去找这两个小鸭船玩一玩，看一看要怎么比较，才能准确地比出哪个小鸭船游得快。

2. 交流分享：哪个小鸭船游得快？你们

图2

小班科学活动 11

是怎么比较出来的？怎么比较才更准确？

幼1：我是用吹小鸭船的方法来比较的，有时这个慢，有时那个慢。

师：你们觉得他这样比可以吗？

幼2：不能用吹的，因为每次吹的力气都不一样，不好比。

师：看来吹的方法不适合用来比较两个小鸭船前进的速度。

幼3：我是把两个小鸭船的尾巴各转了5圈的方法来进行比较的。

幼4：一个先放下去，一个后面才放的，这样比较，也不准确。

师：那你们觉得应该怎么办？

幼（众）：要同时放。

幼5：还要放在同样的起点，不然也不准确。

师：看来比赛的时候，要把小鸭船放在同样的起点，同时放手。

3.梳理小结：两只手要抓住小鸭船的尾巴，放在同样的起点，同时轻轻放手，才能较准确地比较出哪个小鸭船游得快。

三、再次探究不同的小鸭船，初步了解小鸭船前进的速度与橡皮筋转的圈数、尾部夹物之间的关系

1.猜想并动手尝试：

（1）给两只小鸭船装相同的"小尾巴"，增加其中一只橡皮筋转的圈数，（见图3）哪只小鸭船游得更快？教师与幼儿讨论："怎么样才能让小鸭船快快往前冲？"

图3

幼1：多转几圈橡皮筋。

幼2：也不能转太多，适当地转一些，才能让小鸭船冲得更快。

（2）幼儿将装有不同橡皮筋圈数的小鸭船投放到水里，观察对比哪只小鸭船游得更快。

（3）橡皮筋转相同的圈数，尾部装不同的物品，哪只小鸭船游得更快？教师与幼儿讨论："怎么样才能让小鸭船快快往前冲？"

幼1：用雪糕棒当小鸭船的"小尾巴"，小鸭船游得肯定更快。（见图4）

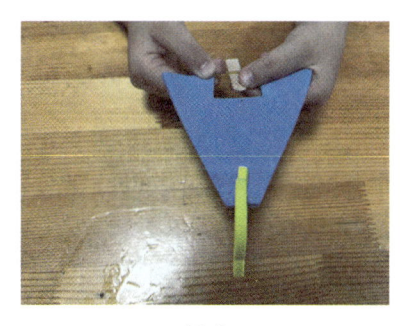

图 4 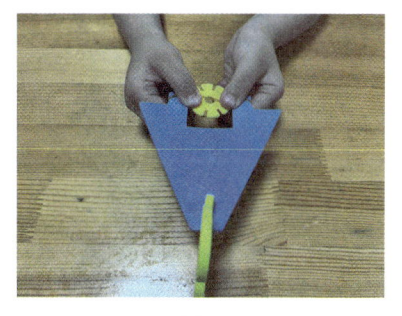　　　　　　　　　　　　　图 5

幼 2：我觉得用雪花片也是个不错的方法。（见图 5）

幼 3：我觉得圆片比较适合当"小尾巴"，圆片可能转得比较快。（见图 6）

图 6

（4）幼儿将装有不同"小尾巴"的小鸭船投放到水里，观察对比哪只小鸭船游得更快。

2. 集中交流，分享经验：你有什么发现？哪一种小鸭船游得最快，你是怎么比较的？

师：请你来介绍一下你是怎么让小鸭船快快往前冲的。

幼 1：我玩的是这一组的材料（用相同的"小尾巴"，不同橡皮筋圈数的小鸭船），我的猜想是橡皮筋转的圈数越多，小鸭船游得越快，结果却不一样。

师：为什么会这样？请你再演示一下你刚刚是怎么比的。

（幼 1 演示）

幼 2：他没放在同一起点上。

师：谁再来试试？

幼 3：我来试试。

（幼 3 演示）

小班科学活动　13

幼 4：同时放下后，那个转了 5 圈的小鸭船比只转了 3 圈的小鸭船游得快。

师：看来在小鸭船装相同"小尾巴"的情况下，增加橡皮筋转的圈数，小鸭船游的速度就更快。谁还玩了另一组材料的？结果怎样？

幼 5：我玩了好几次，装圆币的小鸭船游得比较快。

幼 6：我也是。

师：就像小朋友们发现的，小鸭船"小尾巴"装的物品会影响小鸭船前进的速度。

3. 梳理小结：小鸭船橡皮筋转的圈数不同和"小尾巴"装的物品不同，都会影响小鸭船前进的速度。橡皮筋转的圈数越多，小鸭船前进的速度越快，圈数越少，前进的速度越慢；"小尾巴"装的物品越重，前进得越快，装的物品越轻，则前进得越慢。

四、提出问题，经验迁移

1. 教师出示雪糕棍小船，（见图 7）提出问题，引发幼儿猜想：猜一猜，这个雪糕棍小船和其他小鸭船比，哪种船能更快往前冲？为什么？

2. 结合讨论，鼓励幼儿持续探究。

师：你们看，我这里还有一个雪糕棍小船。

图 7

幼 1：哇，三角形的小船耶！

师：你们猜猜，它和其他小鸭船比会怎么样呢？

幼 2：会更快。

幼 3：我觉得会慢。

师：结果到底会是什么样的？我们回到班级去试一试。

3. 梳理小结：通过实验，我们发现在相同的条件下，雪糕棍小船比其他小鸭船前进的速度快。原来，雪糕棍小船的三角形形状有利于排开水的阻力，有助于小船往前冲。

活动延伸

在区域活动中提供材质、大小不同的材料，鼓励幼儿继续制作小船，继续探究影响小船前进速度的因素。

教师思考

1. 在导入环节，一方面注重活动经验的延续性，从制作到探究，关注到了幼儿经验积累的延续。另一方面，创设了自由宽松的游戏环境，激发了幼儿玩小鸭船、探究小鸭船多种玩法的兴趣，为后续的探究做好经验的铺垫。

2. 在活动过程第二个环节中，重点是给幼儿提供充分的观察、比较的时间，提供充分的表达表现的机会，并加以适时的启发引导、经验梳理，让幼儿自己尝试发现提高小鸭船前进速度的正确方法。

3. 在活动过程第三个环节，主要是通过提供不同的小鸭船，引导幼儿通过猜想、观察、比较发现小鸭船前进的速度与橡皮筋转的圈数、"小尾巴"夹的物品之间的关系。教师要注意实验中对变量的控制，引导幼儿在相同条件下进行对比实验。

4. 在活动的最后，通过不断地创设自由宽松的探究环境，引发幼儿持续探究的兴趣。从幼儿的现场表现来看，幼儿热衷于比较、探究的过程，表现出了浓厚的兴趣和愉悦的情绪。

活动评析

1. 趣味性强。

活动一开始，以与小鸭船玩游戏导入，创设了自由宽松的游戏环境，激发了幼儿玩小鸭船、探究小鸭船多种玩法的兴趣。

2. 探索性强。

教师投放材料分层探究，让幼儿发现小鸭船橡皮筋转的圈数和"小尾巴"夹的物品的不同，都会影响小鸭船前进的速度，初步了解小鸭船前进的速度与橡皮筋转的圈数、尾部夹物之间的关系。

3. 思考与调整。

该活动是为小班幼儿设计的，幼儿可能对于理解小鸭船前进的速度与橡皮筋转的圈数、尾部夹物之间的关系有一定的难度。教师要注意对变量的控制，降低难度，便于幼儿理解。

3 蛋宝宝站起来

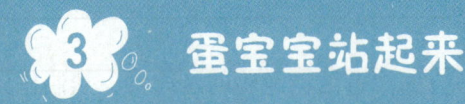

设计者：张小茹（厦门市同安区西溪幼儿园）
评析者：柯丽端（厦门市同安区西溪幼儿园）

活动由来

开学后，孩子们用蛋壳种了一些小蒜苗，带到幼儿园，放置在班级种植角，随着孩子们陆续带来的蛋壳数量的增多，原本放置蛋壳的蛋托数量不够了。有的幼儿把蛋壳随意一放，蛋壳就倒了，蛋壳里的土也掉落了出来。怎样让蛋壳站立起来呢？《指南》指出，小班幼儿要能用多种感官或动作去探索物体，关注动作所产生的结果。基于幼儿的问题需求，教师设计了本次活动，旨在支持幼儿通过实践、观察、讨论等方法学习发现问题、分析问题、解决问题，发展幼儿初步的探究能力。

活动目标

1. 能借助立体及平面辅助材料让蛋宝宝站立起来。
2. 能主动探索并大胆与同伴交流、分享让蛋宝宝站立的多种方法。
3. 乐于积极动脑筋想办法，体验让蛋宝宝站立的快乐。

活动准备

1. 经验准备：幼儿已经知道蛋宝宝会滚动的特点。
2. 物质准备：每人一个熟鸡蛋，装饰成蛋宝宝的形象；瓶盖、瓶子、毛巾、毛线、积木、杯子、纸筒、橡皮泥若干、报纸若干。

活动过程

一、观看蛋宝宝自由滚动的情景，激发兴趣

1. 幼儿观看蛋宝宝自由滚动的情景。

引导语：我们班来了一群蛋宝宝，它们也想像你们一样坐得稳稳的，站得稳稳的，看看它们能不能做得到？

2. 分享交流：蛋宝宝滚来滚去，谁有好办法让它站起来？

幼1：可以用手扶着它，它就不会倒了。

幼2：雪花片有洞洞，把蛋宝宝放进洞洞里面。

幼3：可以放在放蛋的盒子里。

幼4：用积木把它围起来，它就不会跑走了。

3. 梳理小结：你们真聪明，想到了许多好办法，可以用手扶着，用蛋托托着，用积木围着，或放进雪花片的洞里。

二、操作尝试、分享交流，了解借助于立体辅助材料支撑蛋宝宝站立的方法

1. 幼儿自选一种或几种材料帮蛋宝宝站稳。

引导语：桌上的每个百宝箱里都有蛋宝宝、瓶盖、瓶子、毛巾、毛线、积木、杯子、纸筒、橡皮泥等，现在请你们去试一试，想办法让蛋宝宝站立起来，注意，不要让蛋宝宝掉到地上，要轻拿轻放，保护好蛋宝宝。

2. 幼儿操作，教师拍照，然后交流分享。教师鼓励幼儿对照自己的照片说出借助立体辅助材料让蛋宝宝站立的方法。

师：你用什么材料让蛋宝宝站立起来了？

幼1：我用杯子，它是塑料的，我把蛋宝宝放在杯口上。（见图1）

图1　　　　　　　　　图2

小班科学活动　17

师：你是用杯子把蛋宝宝托起来了。

幼2：我是用纸芯筒，这样蛋宝宝也不会倒。（见图2）

师：他是用纸芯筒把蛋宝宝托起来的。

幼3：我是用橡皮泥托起来的。（见图3）

师：看，她把橡皮泥中间挖了个小洞洞，好办法。

幼4：我用瓶盖。（见图4）

图3

图4

幼5：我是用三块积木把蛋宝宝挡住，围起来的，这样蛋宝宝不会滚，能站好。

幼6：雪花片中间有个洞洞，可以把蛋宝宝放在上面。（见图5）

3.梳理小结（结合图示）：有的用杯子把蛋宝宝托起来，有的用积木帮蛋宝宝围了个小窝，有的用橡皮泥挖了洞也能帮蛋宝宝站立好，还有的小朋友把毛巾揉皱了，蛋宝宝放上面也能站立起来。（见图6）

图5

图6

三、探索只用报纸让蛋宝宝站稳的多种方法，学会创造性地使用报纸

1. 幼儿自由探索，并尝试改变报纸形状帮助蛋宝宝站立起来。

师：百宝箱里这么多的物品都能帮助蛋宝宝站稳，还有一样物品也想来帮忙，看看是谁？它会怎样帮蛋宝宝站稳呢？其实还有很多办法，你们想试一试吗？轻轻地站起来去试一试，看看我们能想出多少种办法吧！

2. 交流分享：怎样用报纸让蛋宝宝站起来？

师：用一张报纸怎样让蛋宝宝站起来，看看我们能想出来什么好办法？

幼1：我帮蛋宝宝做了个窝。

师：你是怎么做的呢？

幼1：我把报纸揉成一团，把蛋宝宝放在上面就立起来了。（见图7~8）

图7 　　　　　　　　　　图8

幼2：我帮蛋宝宝做了个小椅子。就是把报纸折一折，上面立起来，下面平平的，蛋宝宝就可以靠在椅子上了。（见图9~10）

师：他的办法也很不错。

图9 　　　　　　　　　　图10

幼3：我把报纸撕成一条一条的，卷起来，把蛋宝宝围住，蛋宝宝也不会倒。（见图11~13）

小班科学活动　19

　　　　图11 　　　　　　　　图12 　　　　　　　　图13

　　3. 梳理小结：你们通过揉报纸、折报纸、把报纸卷起来等方法改变了报纸的形状，从而帮蛋宝宝站立起来了，真是太聪明了。

四、拓展提升，不借助材料让蛋宝宝站起来

　　师：蛋宝宝在小朋友们的帮助下越来越坚强了，它想自己站起来，你们觉得可能吗？

　　幼：不能。

　　师：有没有想试一试的？

　　1. 幼儿进行尝试探索。

　　师：看来蛋宝宝要自己站起来确实比较困难，但是有一个人想出了一个办法。这个人是个了不起的航海家，叫哥伦布。

　　教师演示打碎蛋宝宝，让蛋宝宝立在桌子上。（见图14）

　　2. 梳理小结：遇到问题的时候要敢想敢做，积极尝试。

图14

活动延伸

　　在区域活动中提供报纸、雪花片、模具、衣服等材料，鼓励幼儿继续探索让蛋宝宝站立的方法。

教师思考

　　科学活动要以探究为核心，教师将重点放在给幼儿充足的时间和空间，让他们发自内心地去探索、发现，感知借助立体及平面辅助材料让蛋宝宝站立的多种方法，并将探索到的发现和结果，转化为语言表达出来，与同伴一起分享。

1. 注重幼儿生活经验的延续性。在活动过程的导入环节创设了自由宽松的蛋宝宝自由滚动的游戏环境，激发了幼儿想让蛋宝宝站立的兴趣。同时引导幼儿积极思考，大胆猜想，为下一步探索做好铺垫。

2. 重视幼儿自由探索的过程。在活动过程第二和第三环节中，教师不急于揭示答案，给幼儿提供充分的探索时间，并加以适时的启发引导、经验梳理，让幼儿自己尝试发现借助立体材料帮蛋宝宝站立的正确方法。引导幼儿在限定条件下打破思维惯性，采取撕碎报纸、揉纸等非常规办法，帮蛋宝宝站立。

3. 借助演示帮助幼儿打破思维。教师通过让幼儿了解哥伦布让鸡蛋站立的故事并演示不借助材料让蛋宝宝站立的方法，再次打破幼儿的思维，鼓励幼儿遇事敢于尝试。

4. 适时引导，帮助幼儿提升经验。由于小班幼儿的年龄特点，他们的经验是散乱的，很多幼儿不能用语言来表达他们所获得的结果。教师要学会适时引导，梳理小结，并且多给幼儿提供表达的机会。

活动评析

1. 活动以帮助蛋宝宝站立贯穿始终，环环相扣，层层推进。

本次活动从让幼儿观看蛋宝宝自由滚动的场景激趣—借助立体辅助材料探索—创造性地使用报纸—演示不借助材料让蛋宝宝站起来。每个环节都引导幼儿在探索的过程中打破思维，层层深入与推进。

2. 投放材料由立体到平面，由易到难，教师适时引导。

教师创设轻松氛围并提供立体到平面的操作探究材料，让幼儿通过不断探索，感受用平面与立体材料让蛋宝宝站立的方法的不同。对于需要变形和组合的毛线、毛巾、积木，幼儿很少选择，教师观察后进行提示，幼儿尝试成功后很自豪。活动体现了幼儿快乐主动地学和教师适时有效地教。

3. 巧用信息技术，有效展示探究过程。

在分享环节，教师利用希沃拍照上传功能，展示幼儿探索蛋宝宝站立的方法，幼儿看见自己的作品很乐于分享。同时教师借助希沃也能很好地将幼儿的探索结果进行归纳总结。

4. 滴水不漏

设计者：颜毅雯（厦门市同安区美林幼儿园）
评析者：叶阿真（厦门市同安区美林幼儿园）

活动由来

春雨落，花开时，班级幼儿特别喜欢聚在一起，观看雨滴打在树叶上、窗台上，有的还会伸出手去接水滴。他们议论着："水珠圆滚滚的，可好玩了。""小雨滴滴在纸巾上怎么不见了呢？""叶子上有小水珠。""我的雨衣上也有小水珠。"这些现象激发了幼儿的兴趣。《指南》指出，小班幼儿要对感兴趣的事物能仔细观察，发现其明显特征。教师设计本次活动，旨在通过探究不同种类纸张的吸水性，支持幼儿观察到蜡纸能锁住水滴，萌发幼儿对蜡具有不溶于水的特性的探究兴趣，让幼儿通过实践、观察、讨论等方法学习发现问题、分析问题、解决问题，发展初步的探究能力。

活动目标

1. 能仔细观察，发现水滴在不同种类的纸上有不同的现象。
2. 初步了解蜡具有不溶于水的特性。
3. 学会在实践操作中发现问题，对实验现象感兴趣。

活动准备

1. 经验准备：幼儿已经玩过"神奇的水珠"活动。
2. 物质准备：各种纸（面巾纸、宣纸、报纸、复印纸、蜡纸），蜡烛、蜡笔、滴管、水杯，视频动画等。

> **活动过程**

一、提出问题，比较发现水滴在不同种类的纸上的现象

1. 介绍游戏材料，利用感官触觉感知各种纸，大胆猜测水珠消失的原因。

引导语：小朋友们，桌子上有我们玩过的各种纸，分别是面巾纸、报纸、宣纸、复印纸、蜡纸等，请你们看一看、摸一摸、比一比它们有什么不同？猜一猜：如果让水滴在这些纸上会出现什么现象？

2. 鼓励幼儿大胆发表自己的想法。

幼1：纸巾摸起来比较软，水滴在上面，纸应该就会湿了，就像裤子湿了一样。

幼2：水彩笔可以在复印纸上画画，复印纸应该不会吸水。

幼3：蜡纸和纸巾一样，水滴下去会湿了，多滴一些应该就会漏了。

3. 操作实践，分享交流。

引导语：我们一起动手试试，看看水滴有没有消失。

幼1：水滴在报纸上，刚开始还有水，不一会儿水竟然全部躲起来了！（见图1）

幼2：纸巾也会把水滴吃掉。（见图2）

幼3：复印纸上的水滴刚开始还在，后来也慢慢消失了。（见图3）

幼4：哈哈！我的水滴在蜡纸上圆滚滚的，没有消失，还会跑呢！（见图4）

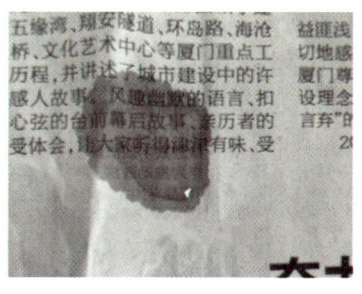

图1 　　　　　　　　图2

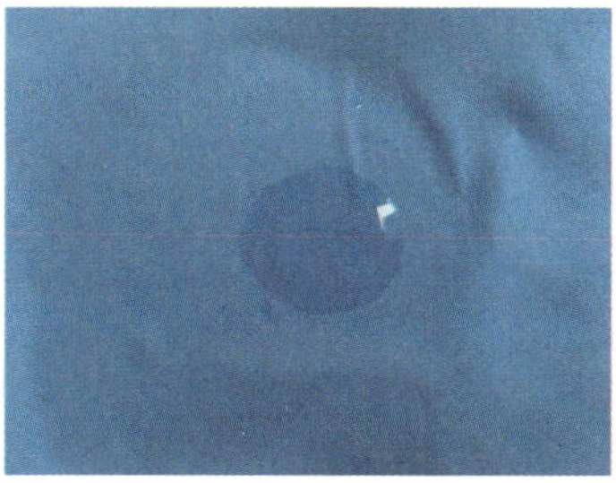

图3  　　　　　　　　图4

小班科学活动　23

4.梳理小结：通过实验我们发现，不是所有的纸都会吸水，而且水滴在不同种类的纸上，消失的速度不一样。有的水滴会马上消失，有的水滴会慢慢消失。但是水滴在蜡纸上，不仅不会消失，还是圆滚滚的。

二、操作实践，初步了解蜡具有不溶于水的特性

1.实践操作，猜测蜡质材料的使用方法。

引导语：我们通过实验发现，把水滴在蜡纸上，水滴不会消失。蜡纸和别的纸张有什么不一样呢？我们该如何来制作蜡纸呢？

幼1：蜡纸摸上去比较厚。

幼2：蜡纸看上去光溜溜的，摸起来很光滑！

师：如何制作蜡纸呢？

幼3：可以使用蜡烛或者蜡笔。

幼4：对，我猜把它们直接涂在纸张上应该就能做成蜡纸了！

2.幼儿自主探索制作蜡纸，教师观察指导。

3.集中交流分享：刚才大家把蜡涂在纸张上，你们有什么发现？

幼1：我发现把蜡涂在纸张上，水滴就可以圆滚滚地停在表面，很漂亮。

幼2：我发现我涂上蜡，水滴还是会慢慢消失。

师：涂上蜡，水滴还会消失，是什么原因呢？

幼3：我知道，肯定是没有全部涂好，有的地方没有涂到。

幼4：对！没有涂好，水滴偷跑了。

4.了解自制蜡纸的正确方法。

5.梳理小结：我们通过实验发现，只要把蜡均匀地涂在纸张上，纸张就像穿上了一件雨衣，就可以保护好水滴，做到滴水不漏。（见图5~7）

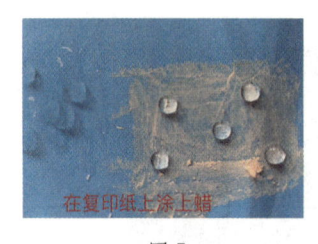

图5	图6	图7
在复印纸上涂上蜡		在宣纸上涂上蜡

三、探索运用，了解防水布在生活中的用途

1.了解生活中常见的防水布。

引导语：科学家们很厉害，他们利用一种不会吸水的布发明了很多防水工具，你们知道有什么吗？

幼1：我知道，有雨伞。

幼2：还有雨衣。

师：我们一起来了解还有哪些防水工具，（雨鞋、帐篷、桌套等）它们在生活中都有哪些用途？

幼儿交流讨论。

师：这些防水工具的本领可真大，可以帮助我们遮挡生活中的物品避免被水打湿，给我们的生活带来了许多便利。它们有一个共同的名字叫防水布。

2.了解防水布的材质。

引导语：防水布为什么可以防水？它有什么秘密呢？我们请来了科学家为我们解密。

3.梳理小结：防水布表面经过特殊处理，使其表面形成防水膜，起到防水作用。

四、迁移经验，引发幼儿持续探究的兴趣

引导语：你们在哪里还能见到滴水不漏的现象？

幼1：哈哈，荷叶上的水珠，我看见过。（见图8）

幼2：难道叶子上也有蜡质吗？

图8

师：荷叶也可以滴水不漏是因为荷叶表面有蜡质还是其他的原因？我们回到班级还可以再探究。

> **活动延伸**

在区域活动中提供材质、大小不同的材料，鼓励幼儿继续探究如何做到滴水不漏，继续探究导致水珠消失的因素。

教师思考

在引入环节,一方面要注重活动经验的延续性,从制作到探究,关注到了幼儿经验积累的延续;另一方面还要在探究中认识周围的事物和现象。在这次的探究活动中,幼儿感知和发现了不同纸的软硬、光滑或粗糙等特性。通过探究不同种类纸张的吸水性,为活动过程第二个环节探究蜡具有不溶于水的特性做好经验的铺垫。第三个环节重点是帮助幼儿更直观地了解防水布可以滴水不漏是因为防水布表面有一层防水膜,并加以适时的启发引导、经验梳理,让幼儿自己发现生活中有了这些防水工具,我们的生活变得更加方便。在活动中要不断创设自由宽松的探究环境,引发幼儿持续探究的兴趣。从幼儿的现场表现来看,幼儿热衷于比较、探究的过程,表现出了浓厚的兴趣和愉悦的情绪。

活动评析

1. 活动内容源于生活,生动有趣。

小雨滴落到不同的地方产生了不同的变化,小水滴滴到不同的纸张上,有的会躲起来。这些话题来源于小班幼儿在生活和游戏中的观察和思考。活动中的材料是幼儿日常使用的各种纸张;活动探索后的运用是幼儿日常生活中常用的防雨工具;经验迁移的观察对象是幼儿身边的植物。生活化的科学活动内容,更能激发幼儿探究的欲望,为幼儿插上想象和实践的翅膀。

2. 活动形式灵活多样,关注过程发现。

《指南》指出:"理解幼儿的学习方式和特点。幼儿的学习是以直接经验为基础,在游戏和日常生活中进行的。"在活动中,幼儿运用了多种探究方式,通过触摸、观察、对比、实验等方式感知纸的多样性、材质特性、实际用途等。同时,在自发观察中,除了体验乐趣,教师还支持幼儿尝试表达、交流,反思自己的探究成果。真实的生活体验带给幼儿幸福和快乐,也有问题和挑战。

3. 小班幼儿更专注于实验过程中的操作和发现,对于防水布的秘密这类话题可能并不感兴趣,也比较难理解。建议教师在后续的活动或日常生活中继续引导幼儿观察、发现,给予更多的时间和机会亲身体验,无须在本次活动中急于向幼儿解释清楚。

5. 捞泡泡

设计者：陈佳妮（厦门市同安区梧侣幼儿园）
评析者：邵艺娟（厦门市同安区梧侣幼儿园）

活动由来

小班幼儿对泡泡非常感兴趣，在开展完吹泡泡活动后，教师发现幼儿对泡泡的探索欲望依然很高，经常在户外玩吹泡泡、追泡泡的游戏。在保育员洗碗的时候，幼儿也经常凑过去观察和讨论洗碗池里的泡泡，在洗手的时候也不断地交流手上的泡泡。《指南》指出，小班幼儿要对感兴趣的事物能仔细观察，发现其明显特征；能用多种感官或动作去探索物体，关注动作所产生的结果。教师设计本次活动，旨在让幼儿在玩捞泡泡游戏中，积极观察与思考，探索泡泡形状与捞泡泡工具的关系。

活动目标

1. 发现泡泡的形状和捞泡泡工具的形状有关系。
2. 大胆交流自己的发现，体验捞泡泡游戏的乐趣。

活动准备

1. 经验准备：玩过吹泡泡游戏，对泡泡的形状有一定的认识。
2. 物质准备：铁丝工具、立体工具、泡泡水，（见图1）水盆、记录纸两张等。

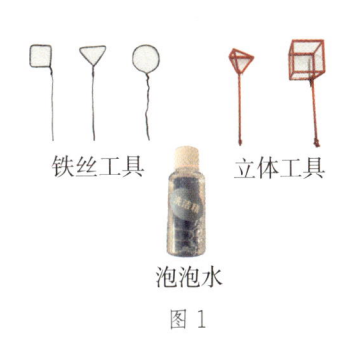

铁丝工具　　立体工具

泡泡水

图1

小班科学活动　27

活动过程

一、回顾吹泡泡游戏，交流吹泡泡的经验

1. 观看幼儿吹泡泡视频，回忆经验。

引导语：小朋友们，老师带来了你们以前吹泡泡的视频，我们一起看看。

2. 分享交流：你们都吹出什么形状的泡泡？你们还玩过哪些泡泡游戏？

幼1：我用的是爱心型的工具，吹出来的泡泡是圆圆的。

幼2：我用正方形的工具，吹出来的泡泡是圆圆的。

幼3：我们会去追泡泡，但是泡泡一直飞。

幼4：我用的是三角形工具，吹出来的泡泡也是圆圆的。

幼5：我洗澡的时候用沐浴露搓一搓就有泡泡，我一吹泡泡会飞起来。

3. 梳理小结：不管用什么形状的吹泡泡工具，我们吹出来的都是圆形的泡泡，我们洗澡会搓出泡泡，妈妈洗碗也会洗出泡泡。

二、第一次实验，探索泡泡形状与铁丝工具形状的关系

1. 介绍材料，大胆猜想。

引导语：今天我们来玩捞泡泡游戏，老师这里有许多有趣的捞泡泡工具，瞧！这是什么形状？（见图2）你们猜猜：用这些工具捞出来的泡泡会是什么形状的？

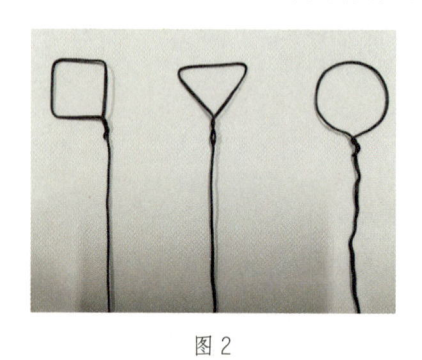

图2

图3

幼1：那个是三角形，捞出来的泡泡是圆形的。

幼2：这个是圆形的，捞出来的泡泡才是圆形的。

幼3：正方形的工具捞出来的是正方形的泡泡。

幼4：我觉得不管用什么形状的工具，捞出来的泡泡都是圆圆的。

师：有的小朋友认为用这几种铁丝工具捞出来的泡泡和铁丝形状一样，有的

觉得不一样，我们把猜想记在记录表上。（见图3）

2. 要求：每个人拿一根铁丝工具玩捞泡泡游戏，观察不同形状的铁丝捞出来的泡泡形状，和同伴交流自己的发现。

3. 探索实验，分享交流：你们用的是什么形状的捞泡泡工具？捞出来的泡泡是什么形状？

幼1：我用的是正方形的工具，捞出来的泡泡是正方形。（见图4）

幼2：我用的是圆形的工具，捞出来的泡泡是圆圆的。（见图5）

幼3：我用的是三角形的工具，捞出来也是三角形泡泡。（见图6）

图4 　　　　　　　　图5 　　　　　　　　图6

4. 梳理小结（结合记录表1）：原来，当铁丝线折成蝴蝶结形状，捞出来的泡泡是蝴蝶结形状，折成心形就会出现心形泡泡，不同形状的铁丝捞出来的泡泡都与铁丝形状相同。

三、第二次实验，探索泡泡形状与立体工具形状的关系

1. 出示立体捞泡泡工具，引导幼儿大胆猜想。

引导语：老师这里有两个捞泡泡工具，（见图7）它们长得一样吗？哪里不一样？用它们会捞出什么形状的泡泡呢？

幼1：长得不一样，一个是好多正方形连在一起，一个是几个三角形连在一起。

幼2：上面有很多三角形的工具，捞出来的应该是三角形的泡泡。

幼3：这个有好多正方形的工具捞出来的可能是圆形的泡泡。

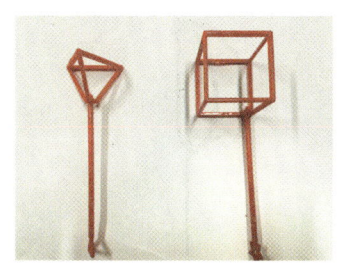

图7 　　　　　　　　　　　图8

小班科学活动　29

幼4：有很多正方形的工具捞出来的泡泡也会是正方形的。

师：你们观察得真仔细，我把你们的想法记在记录表上。（见图8）

2. 要求：每人分两个捞泡泡立体工具，仔细观察不同工具捞出来的泡泡形状，与同伴说一说，用完把玩具放回托盘。

3. 分组实验，分享交流：你们捞出来的泡泡是什么形状的？

幼1：我用正方形的工具，捞出来的泡泡是两个三角形连在一起，上面和下面是正方形的，像小山。

幼2：我用的是三角形工具，捞出来的泡泡像钻石一样，一闪一闪的。

幼3：泡泡是好多三角形连在一起，两个尖尖还碰在一起。

幼4：我看到的泡泡都是三角形的，中间有一条线还连在一起。

4. 梳理小结（结合记录表2）：用每个面都是正方形的工具捞出来的泡泡像两个小山丘连在一起；用每个面都是三角形的工具捞出来的泡泡像是由好多三角形连在一起，中间会有一条线，像一颗钻石闪闪发光。（见图9~10）

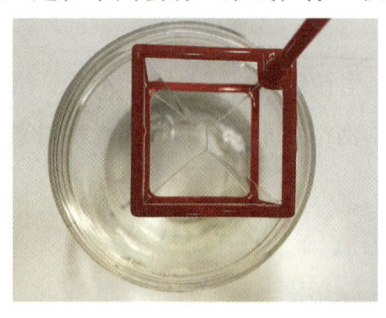

图9 　　　　　　　　　　图10

四、提出问题，引发持续探究的兴趣

1. 教师出示更多样的铁丝立体形状，（见图11~12）让幼儿提出问题，引发幼儿猜想：这些形状像什么？用它们会捞出什么形状的泡泡？

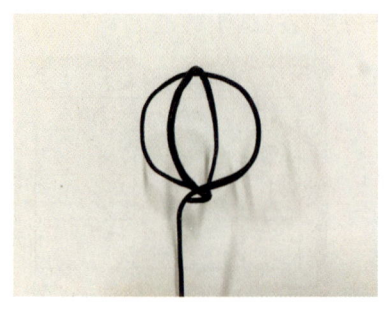

图11 　　　　　　　　　　图12

2.结合讨论,鼓励幼儿持续探究。

幼1:这个形状像一颗球,会捞出圆圆的像球一样的泡泡。

幼2:这个像半颗巧克力,应该会捞出半圆形泡泡。

幼3:这个半球形的,捞出的可能是三角形的小山泡泡。

师:到底结果会是什么样的呢?我们可以再去试一试。

活动延伸

在区域活动中提供更多样的捞泡泡工具,立体图形如半球形、球形、长方体等形状,平面图形如心形、星形、四叶草形状(见图13)、蝴蝶形状(见图14)等,引导幼儿继续探究有趣的捞泡泡游戏。

图13

图14

教师思考

教师从共同回顾吹泡泡经验进入活动主题,引发幼儿的浓厚兴趣,让幼儿回顾无论用什么形状的工具,吹出来的泡泡都是圆的。同时拓展到各种玩泡泡的游戏,为下一个环节做好铺垫。

1.在第一次实验中,教师提供的是平面图形的捞泡泡工具,引导幼儿积极猜想,并将猜想记录下来,鼓励幼儿通过动手操作获取答案,让幼儿积极思考,积极交流,从实验中发现泡泡形状与铁丝工具形状的关系。

2.在第二次实验中,教师提供了两个立体工具,引发幼儿从用平面工具到用立体工具的探索,猜想用立体工具捞出来的泡泡形状。基于第一次的实验经验,幼儿大多数认为会出现与工具一样的形状,通过动手实验与观察,他们发现这种立体图形捞出来的泡泡形状会出现与猜想不一样的结果。

3.在活动的尾声,教师又拿出更多样的立体捞泡泡工具,幼儿的讨论更加激

小班科学活动 31

烈，根据前面两次操作的经验，他们猜测的答案更加丰富。通过观察、猜想、比较等多种方法，幼儿不断积累经验，联想到泡泡形状与工具形状之间有关系，懂得进行经验迁移。

活动评析

1. 活动内容生活化。

玩泡泡是幼儿很感兴趣的活动，他们对泡泡有着极大的探索欲望。在吹泡泡的探索经验上开展此活动，对幼儿来说既熟悉，也富有一定的挑战性，有助于拓展幼儿的科学探索经验与视野。

2. 探究过程深入化。

在活动中，教师以问题式的教学手段不断引导幼儿仔细观察、大胆猜想、不断思考。环节清晰，每一环节都紧扣目标由浅至深。教师重在激发幼儿仔细观察与思考，引导幼儿主动思考。

3. 活动材料多样化。

这次科学探索活动，教师以分组的形式进行实验，每一组都有足够的可操作材料，如各种形状的捞泡泡工具，有丰富的平面图形，也有不同的立体图形，让幼儿可以自由选择，促进了幼儿运用多种感官、多种方式去进行探索。

6 好玩的泡泡器

设计者：纪晓琴（厦门市同安区滨新幼儿园）
评析者：叶海蓉（厦门市同安区滨新幼儿园）

活动由来

吹泡泡是众多幼儿都喜爱的活动，可是科学活动材料中的泡泡器的形状和样式不多，不能满足幼儿持续玩耍与探究的欲望。能不能自己制作泡泡器呢？什么材料可以用来制作泡泡器？这些都是引发幼儿持续探究的问题。《指南》指出，小班幼儿要能用多种感官或动作去探索物体，关注动作所产生的结果。因此，教师设计本次活动，旨在让幼儿在自主选择自制泡泡器的材料中，通过看一看、摸一摸去发现各种材料能成为泡泡器的秘密；让幼儿通过动手加工材料，使没洞的材料经过改变也能成为泡泡器，萌发幼儿的探究兴趣；支持幼儿通过实验、观察、分享交流等方法学习发现问题、分析问题、解决问题，发展初步的探究能力。

活动目标

1. 知道有洞且不怕水的材料才能成为泡泡器，用来吹泡泡。
2. 能自主选择材料用于加工制作泡泡器。
3. 乐意大胆交流在自制泡泡器过程中的想法和发现。

活动准备

1. 经验准备：幼儿已经用科学活动材料吹出泡泡。
2. 物质准备：雪花片、各式各样的积塑、磁力片积木、纸芯桶、水果网套袋、树叶、纸张、扭扭棒、剪刀、泡泡水、小毛巾，（见图1）笑脸筐、哭脸筐等。

图1

> **活动过程**

一、问题讨论，想办法解决泡泡器不好看的问题

师：玩吹泡泡时，宏杰说活动材料中泡泡器就三种，形状还不好看，怎么办呢？

幼1：我家里有海豚泡泡器，我从家里带过来和小朋友们一起玩吧。

幼2：可以回家叫爸爸妈妈买，我们带来学校，这样就可以有很多不一样的泡泡器玩了。

幼3：我们可以自己做，这样就会有很多好看的泡泡器。

幼4：好呀好呀！我们一起做泡泡器吧，可是要怎么做呢？

二、自主选择材料当泡泡器，知道有洞的材料才能用来吹出泡泡

1. 幼儿自主选择活动室内适合当泡泡器的材料。

引导语：请小朋友们自由地去找一找班级里面适合当泡泡器的材料，找到之后回到座位上做实验。不过在实验开始前，老师要提几点要求。

2. 操作要求。

（1）班级里面的各种活动材料尽量都拿来试一试。

（2）找到合适当泡泡器的材料，吹泡泡的时候不要让材料碰到自己的嘴巴，不要对着小朋友吹泡泡。

（3）吹完泡泡之后用小毛巾擦手。

（4）吹完泡泡之后要记得及时记录。

（5）当音乐停止的时候要回到座位上。

师：如果你找到材料并吹出了泡泡，你的心情会怎么样？

幼1：会很开心。

师：所以我们应该把它放到笑脸筐还是哭脸筐里？

幼2：笑脸筐里。（见图2）

师：那如果没有成功吹出泡泡，要把材料放进哪个筐里？

幼3：如果没有吹出泡泡，心情会难过，应该把材料放进哭脸筐里面。（见图3）

师：所以小朋友做完实验要记得记录。

图2　　　　　　　　　　图3

3.幼儿自主操作，教师观察指导。

4.结合笑脸筐和哭脸筐中的材料，分享交流：你有什么发现，用了什么材料，成功吹出泡泡了吗？

幼1：我在美工区拿了水果网套袋，（见图4）我成功吹出泡泡啦！而且还好几串。

幼2：我在建构区找到了磁力片积木，我也成功啦，所以我把它放进笑脸筐里面。

幼3：我也是去建构区，但是我拿了小木板，我没有成功吹出泡泡。

图4

师：那你把小木板放进什么筐里面呢？

幼3：我就把它放进哭脸筐里面。

幼4：我拿了发夹，我也吹出来泡泡啦！（见图5）

幼5：我也成功吹出泡泡啦！我拿的是剪刀。（见图6）

小班科学活动　35

图5　　　　　　　　　　　　图6

师：那现在我们一起来观察一下，看一看、摸一摸、找一找，笑脸筐里面的材料和哭脸筐里面的材料有什么不同呢？

幼6：我知道了，要有洞。

师：可是这个材料它也有洞，（见图7）为什么吹不出泡泡呢？

幼6：这个不行，因为它的洞没有穿透，只有一面有洞是没办法用来吹出泡泡的。

图7

师：哇，你太厉害了，你还用上了"穿透"这个准确又高级的词。

5. 梳理小结（结合图示）：要想成功地吹出泡泡，就得找那种带有能互相穿透的洞的材料才可以，只有一面有洞的话也是吹不出来的。

三、自主选择材料进行加工，想办法用没洞的材料也吹出泡泡

1. 幼儿自主选择教师提供的材料，通过自己的加工，让没洞的材料也能用来吹出泡泡。

引导语：刚才小朋友们都知道了，有洞且能互相穿透的材料才能用来吹出泡泡。现在桌面上有老师为大家提供的许多没有洞的材料，请你们去动手操作看看，怎么样才能用这些材料也吹出泡泡？请小朋友们自由分组，到座位上做实验。不过在活动开始前，老师要提几点要求。

2. 操作要求。

（1）吹泡泡的时候不要让材料碰到自己的嘴巴，不要对着小朋友吹。

（2）吹完泡泡之后用小毛巾擦手。

（3）使用剪刀时要注意安全，不要让剪刀伤到自己，也不要把剪刀对着小朋友。

（4）音乐停止的时候要回到座位上。

3.幼儿自主操作，教师观察指导。

4.集中分享交流：你有什么发现？你用了什么材料自制泡泡器，怎么做的，成功了吗？

幼1：我把扭扭棒绕成一圈，（见图8）就有洞口啦，我就成功吹出泡泡了。

幼2：我用剪刀把树叶戳破一个洞，（见图9）我也成功吹出泡泡啦。

幼3：我也是用树叶，我是把树叶卷成一圈，（见图10）我也成功啦。

图8　　　　　　　　图9　　　　　　　　图10

师：看来，扭扭棒、树叶被小朋友们用不同的方法改变之后，都成功成为泡泡器了，那有没有人没有成功做出泡泡器的？

幼4：老师，我失败了。

师：你用的是什么材料呢？

幼5：我是用剪刀把纸张戳破一个洞。（见图11）

师：咦？好奇怪，明明有洞还能穿透，为什么会失败呢？谁来猜猜原因？

图11

幼6：可能是太用力吹了吧。

幼7：可能是纸张太薄了。

幼8：我们做实验看看吧。

师：好的，那我们请刚才那位小朋友来做实验，我们一起来观察一下他为什么会失败。

幼4（边演示边答）：我刚才就是这样用剪刀戳破一个洞，然后沾了泡泡水，再拿起来之后就成这样了，我就没办法吹了。

小班科学活动　37

幼9：我发现原因啦！因为纸张怕水，一碰到水它就蔫了，用点力纸还会烂掉，（见图12）所以是没法用来吹泡泡的。

图12

师：哇！你的小眼睛真亮。那我们一起来梳理一下，什么样的材料通过怎么改变才能成功吹出泡泡？

5. 梳理小结（结合图示）：首先，材料要不怕水，第二，通过戳、卷、绕等将材料进行改变，很多没洞的材料也能在我们的巧巧手下变成泡泡器。

活动延伸

1. 在区域活动中提供多种材料，鼓励幼儿继续制作泡泡器。
2. 让幼儿将自制好的泡泡器带到户外与小伙伴一起吹泡泡。

教师思考

1. 在活动引入环节，教师捕捉幼儿在游戏中发现的问题，从幼儿提出的问题入手，集体想办法来解决，一下子就激发了幼儿制作泡泡器的兴趣，为后续探究自制泡泡器做好铺垫。

2. 在活动第二个环节，设计的重点是给幼儿提供充分的探究时间，提供充分的表达表现的机会，支持幼儿通过实验、观察、分享交流等方法学习发现问题。教师加以适时的启发引导、经验梳理，让幼儿自己尝试发现：要想成功吹出泡泡，材料得两面都有洞且能互相穿透。

3. 在活动第三个环节，教师提供多种材料，引导幼儿通过动手操作改变材料，自制泡泡器，从猜想、观察，到最后发现有洞又不怕水的材料才能做成泡泡器。

活动评析

1. 幼儿自主探究在前，教师梳理推进在后。

在两次探索前，教师通过问题的形式，引导幼儿在观察的基础上思考，再自主探究。当出现探究结果时，教师不急着给答案，而是进一步引导幼儿在集体交流后进行现场实验验证，让幼儿相互学习，最后再与幼儿一起梳理、提升推进。没洞的材料也能在小朋友的巧巧手下变成泡泡器，教师梳理提炼出通过戳、卷、绕等方法对材料进行改造也能制作出泡泡器，激发幼儿继续参与科学探究的自信心和兴趣。

2. 教师善用问题搭架，支持幼儿层层深入主动探究。

活动中，教师尊重幼儿的个体差异性，通过各种问题搭架，让每一个幼儿愉快、自信地参与活动。例如：在导入环节抛出问题"泡泡器就三种，形状还不好看，怎么办呢"，引发幼儿积极参与思考，激发探究兴趣和欲望。第一次操作后教师提出问题："我们一起来观察一下，看一看、摸一摸、找一找，笑脸筐里面的材料和哭脸筐里面的材料有什么不同呢？"引导幼儿通过各种感官寻找、发现答案。第二次操作后提出问题："你有什么发现？你用了什么材料自制泡泡器，怎么做的，成功了吗？"通过这些从易到难的问题，层层推进，让幼儿深入探究，潜移默化地培养幼儿的探究欲望，发展幼儿的探究能力。

7 好玩的镜子

设计者：卢　靓（厦门市同安区新民中心幼儿园）
评析者：张素治（厦门市同安区新民中心幼儿园）

活动由来

一次餐后漱口时，几个孩子聚集在厕所里的镜子前玩。有个孩子对着镜子摇头晃脑，扮鬼脸，还和身边的小伙伴说："快看！镜子里我的脸！"其他小朋友看到他的举动后，纷纷模仿起来，有的瞪眼，有的眨眼，有的张大嘴巴，有的噘嘴，有的吐舌，秒变各种"表情包"，玩得不亦乐乎！

镜子在我们生活中十分常见，几乎每一个孩子对镜子的使用都有切身的经历。照镜子呈现出一个一模一样的自己，镜子中的人跟着自己的举动产生奇妙变化，这一现象引起了孩子们的好奇心。《指南》指出，要善于发现和保护幼儿的好奇心，充分利用自然和实际生活的机会，引导幼儿通过观察、比较、操作、实验等方法，学习发现问题、分析问题和解决问题。追随幼儿的兴趣点，教师设计了本次活动，旨在让幼儿通过"摆弄"镜子，发现、探究镜子的特点，充分挖掘和感受镜子中所隐藏的奥妙，从而培养幼儿的探索精神，激发幼儿热爱生活的情感。

活动目标

1. 感知镜子的反射现象，知道镜子能照出人或物体。
2. 尝试利用镜子成像原理探索物体由半个变成一个，了解镜子的基本特征。
3. 萌发对镜子的好奇心，体验探究镜子的乐趣。

活动准备

1. 经验准备：幼儿有照镜子的生活经验。
2. 物质准备：每人一份科学活动材料（镜子1面，半边的花朵纸卡、蝴蝶纸卡、瓢虫纸卡各1张，见图1），课件。

图1

活动过程

一、出示镜子，引发兴趣

引导语：瞧！这是什么？它是干什么用的？
教师照镜子，激发幼儿探究镜子的欲望。

幼1：是镜子。

幼2：是用来照我们的脸。

幼3：还可以照我们的身体。

幼4：如果我们脸上有什么脏东西，就可以用镜子照出来。

二、自由摆弄镜子，知道镜子能照出人或物体，感知镜子的反射现象

1. 照镜子，感知自己的五官和表情，探索、感知镜子的特征。

引导语：我们一起来照照镜子，镜子里有什么？大家使用镜子时一定要当心，不要摔碎，不要划伤手哟！

幼1：能看到我们的脸。

幼2：看到我们的嘴巴、鼻子、眼睛、眉毛。

师：瞧一瞧，镜子里的你是什么样子的？（幼儿照镜子做各种表情和动作）

幼3（做"笑"表情）：看，我笑的时候可以看到我的牙齿。

幼4（做"吐舌头"动作）：你看，我还看到了我的舌头。

幼5（做"歪头噘嘴"表情）：我是这样子的。

师：你们一起照镜子看看，你们发现了什么？

幼6：照出徐子星的脸。

幼7：我看到了我和张书媛的脸了。

小班科学活动

2. 除了能照五官，镜子还能照出其他物体，再次感知镜子的反射现象。

师：动一动镜子，你还看见了什么？

幼1：我看到了风扇。

幼2：我看到了镜子里面有娃娃家。

幼3：我看到了教室里的电灯。

3. 梳理小结：镜子有反射功能，我们能从镜子中看到我们的人像。当我们做各种表情、动作的时候，镜子里的人跟我们也做一样的表情、动作。除了照出我们自己，镜子还可以照出其他的物体。（见图2~3）

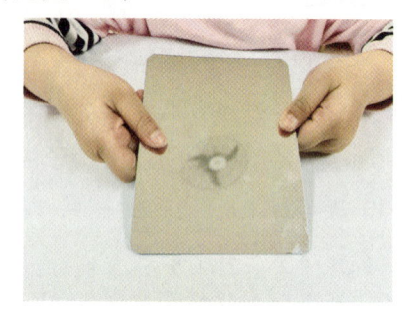

图2   图3

三、以故事视频引出，激发探究欲望

引导语：这里发生了一件奇怪的事情，我们一起来看看视频吧！花朵和昆虫怎样才能找到自己的另一半？魔法师的宝贝是什么？

幼1：请魔法师施魔法。

幼2：魔法师会变出另外一半。

幼3：我知道了，用镜子可以变出来。

幼4：对，镜子可以变魔法，变出来另一半。

四、感知体验镜子的反射现象，了解镜子成像的原理，探索物体如何由半个变成一个

1. 出示材料，进行猜想。

提问：怎么让镜子帮助花朵、蝴蝶、瓢虫找它们的另一半？

幼1：镜子对着花朵、蝴蝶、瓢虫照。

幼2：我也是这样的，对着它们照。

师（演示镜子对着花朵、蝴蝶、瓢虫照）：是这样的吗？可以看到完整的蝴蝶吗？能变出另一半吗？

幼3：这样不行的。

2. 教师介绍操作材料：一面镜子、一张卡片。

操作要求：把镜子立起来，将卡片平放在镜子前面，观察镜子中的像，再从不同角度摆动镜子，观察卡片会出现什么变化，可以和同伴交换不同的卡片。

3. 自主探究，验证猜想。

4. 分享交流，梳理发现。

师：你帮蝴蝶、花朵和瓢虫找到它们的另一半了吗？你是怎么做的？

幼1（边演示边答）：我找到了，我把镜子立在蝴蝶的翅膀旁边。

幼2：它这样做是不对的。

师：那请你来演示给其他小朋友看一下。（教师利用希沃手机投屏，清晰地展示幼儿的操作过程）

幼2：要立在蝴蝶身子的这边，才能把蝴蝶变出来。

幼3：我的办法也是这样的。

师：摆动镜子，卡片会出现什么变化？

幼4（边演示边答）：我看到蝴蝶在飞。

幼5（边演示边答）：小花朵在摇晃。

幼6（边演示边答）：小瓢虫也在飞呢！

幼儿一起（边演示边答）：我们的花、瓢虫、蝴蝶都在动呢！

5. 梳理小结：镜子有反射作用，当半只蝴蝶（半朵花朵、半只瓢虫）卡片放在镜子前面时，调整好镜子角度就会看到镜子里反射出的半只蝴蝶（半朵花朵、半只瓢虫），组合在一起就变成完整的蝴蝶（花朵、瓢虫）了。（见图4~6）

图4　　　　　　　图5　　　　　　　图6

五、迁移生活经验，了解镜子在生活中的广泛用途

1. 引导语：镜子在我们的生活中经常出现，如家里的卫生间一般都有镜子，你们还在哪里见过镜子？（鼓励幼儿扩散思维，大胆发言）

幼1：汽车的两个"耳朵"是镜子。

幼2：我妈妈的"小毛驴"也有镜子。

师：汽车和"小毛驴"的镜子是用来做什么的？

幼3：可以照人。

幼4：爸爸有跟我说过，是可以用来观察后面有没有车子。

师：那生活中，还有什么物品可以当镜子？

幼5：电视屏幕可以当镜子。

幼6：手机也可以。

幼7：我洗脸的时候，可以在水里面看到我自己。

2. 梳理小结（结合图示）：车子的后视镜、化妆台、路上拐角处的反光镜等都是镜子，生活中有各种各样的镜子，它们都有自己的用途。

活动延伸

1. 区域游戏：益智区投放万花筒、珠子照镜子的游戏材料，请幼儿观察万花筒、珠子中镜子成像的样子。（见图7~8）

图7

图8

2. 家园共育：寻找家里的其他小物品（如画笔、积木、玩偶等），利用镜子观察、探究镜子成像。（见图9~11）

图9

图10

图11

> 教师思考

虽然我们科学实验主材料采用的是塑料做的镜子,但也需要教师及时对幼儿进行安全教育,让幼儿懂得接触镜子的时候,需要小心谨慎,不能太用力拿,知道镜子易碎的特点。同时一个活动渗透多个领域,体现科学领域与健康领域之间的有机结合。

在引入环节到故事环节中,从"照五官"到"照其他"再到引出"找另一半",探究实验活动环环相扣,注重幼儿经验积累的延续性。前面的"各种照"为后续"找另一半"探究活动做了很好的前期经验铺垫。

"找另一半"探究活动环节是本节课的重难点,教师给幼儿提供充足的实验、探究、观察的时间,以及充分表现的机会,并加以适时的启发引导、经验梳理,让幼儿自己尝试发现镜子反射的现象。

最后,教师联系幼儿的生活实际,引导幼儿发现生活中的镜子,再次了解镜子的反射现象,引发幼儿持续探究的行为、兴趣。从幼儿的表现来看,幼儿能回顾生活、搜索生活中见过的镜子,喜欢探究镜子里的奇妙现象,并大胆地表达表现,有浓厚的兴趣和愉悦的情绪。此活动也激发了幼儿的想象力,让幼儿萌发了探究欲望,发展了主动探究能力。

> 活动评析

1. 采用探究式学习策略,挖掘幼儿主动学习的品质和能力。

幼儿虽认识镜子,喜欢照镜子,但对镜子了解并不多。教师能根据幼儿身心发展和学习特点,在活动第二环节中让幼儿探究镜子,知道镜子可以照出五官、表情;在第三、四环节中探索和感知镜子成像时,让幼儿探究找到物体"另一半"的方法;在第五环节探索生活中的镜子时,让幼儿了解镜子的广泛用途。教师倡导自主探究的学习方式,一步步激发幼儿思考和探索科学知识的欲望,培养大胆实践、勇于探究的良好品质。

2. 合理、有效地运用媒介(希沃白板),演示镜子反射的现象,直观呈现实验效果。

因幼儿年龄限制,教师若一味说教也难以让幼儿理解镜子的反射原理。教师能很好地运用多媒体技术进行有效教学,利用希沃白板动画效果、视频演示、手机投屏等功能,让幼儿更清楚直观、更形象地理解镜子的反射原理,达到预期效果。

小班科学活动

3.巧妙设计探究活动，帮助幼儿形成直接经验，得出结论。

教师巧妙设计科学活动材料，以幼儿兴趣为出发点，让活动更有趣，由易到难，由浅入深，层层递进，不仅让幼儿体验了照镜子的快乐，最为巧妙的就是让他们摆出完整的图像，感受镜子反射人像、物体的特点。教师追随幼儿步伐提供适宜的支撑力量，幼儿在思考中习得预测、实验的能力，也突破了本次活动的重难点。

4.活动小建议：在最后一个环节，引导幼儿探索生活中还有哪些镜子时，可能幼儿还说不出来，但教师可以引导幼儿去联想生活中可以用来"照"的物体，这样，或许幼儿更能理解各种镜子的反射现象，这是教师教学的难点。

8. 不倒翁真好玩

设计者：苏木树（厦门市同安区兴国幼儿园）
评析者：黄抒斐（厦门市同安区兴国幼儿园）

活动由来

有一天，幼儿小可带来了一只不倒翁娃娃，引起了大家的注意，孩子们你一下我一下地推，却发现怎么推它都不会倒。幼儿对此现象产生了极大的兴趣。《幼儿园教育指导纲要》中提出：科学教育应密切联系幼儿的实际生活进行，利用身边的事物与现象作为科学探索的对象。教师关注到幼儿的真兴趣、真问题，设计并实施了本次活动，让幼儿体验探索、操作的乐趣，对已有的经验进行梳理、整合、提升，建构关于不倒翁不倒的新经验，并迁移运用到日常生活中。

活动目标

1. 发现并感知不倒翁的秘密。
2. 尝试制作不倒翁，探索、记录材料与不倒翁之间的关系。
3. 体验探究不倒翁的秘密的乐趣。

活动准备

1. 经验准备：玩不倒翁的经验。
2. 物质准备：不倒翁玩具（含1个半圆形底座和1个圆形身子）、棉花、玻璃球、橡皮泥每组一份，（见图1）各种造型的不倒翁，记录表，黑色水笔，透明不倒翁教具一个，双面胶、

图1

小班科学活动

超轻黏土若干。

> **活动过程**

一、通过不倒翁导入，激发兴趣

1. 出示各种不倒翁，（见图2）引导幼儿观察、了解不倒翁的外形特点。

引导语：今天我们班来了一群特别的小客人，它们是谁？

幼：不倒翁。

师：请你们和不倒翁一起玩一玩，并看一看不倒翁长什么样子。

2. 幼儿分组操作、观察。

师：不倒翁有什么本领？

幼1：推它一下，它会来回摆动。

幼2：一直推它，它就是不会倒。

师：不倒翁的本领和它的样子有什么关系吗？不倒翁长什么样子？上半部分像什么？底部像什么？

幼3：有一个不倒翁的上半部像只企鹅，有的像个小人。

幼4：它的底部圆圆的、滑滑的。

幼5：它的底部像个碗一样。

3. 梳理小结：不倒翁怎么推都不会倒。它们上半部分样子都不一样，但是它们的底部都是半球形，像碗一样。

二、初次操作，探究不同材料对不倒翁的影响

1. 引导幼儿大胆猜想。

引导语：只要用半球形的底就可以制作不倒翁吗？需要再加上点什么？

幼1：不行，半球形的碗会倒，家里的碗就让我摔碎了。

幼2：底部还要加上东西。

师：那你们觉得要加上什么东西呢？

幼3：加上磁铁，我家的不倒翁底部有磁铁。

幼4：只要加上东西就行。

师：真的加上什么东西都行吗？

2.介绍操作材料及记录表。

引导语：老师给大家每人准备了一个不完整的不倒翁玩具，小朋友们可以往其底部加上棉花、玻璃球或橡皮泥，但是每次只能加一种材料。猜一猜：这些材料能用来制作不倒翁吗？用你们喜欢的符号把猜想记录在记录表的"猜想"栏。

材料	猜想	结果	发现
（琉璃球）			
（橡皮泥）			
（棉花）			

3.幼儿操作，教师巡回指导。

引导语：刚刚大家进行了一场小小猜想交流会，接下来你们根据猜想自己动手操作一下，把你们的发现记录下来。

4.幼儿集中分享操作中的发现，交流讨论结果。

引导语：刚刚你发现了什么？你选择了什么材料？什么材料用来做不倒翁不会倒呢？

幼1：我在底部加了彩泥，做成了不倒翁，怎么推也不会倒。

幼2：我在底部塞了很多棉花，但是一放手它就倒了。

幼3：底部装玻璃球的能站起来，可是一推它就倒了。

5.梳理小结（利用PPT）：底部放棉花的像没吃饱一样，肚子里轻飘飘的，站不稳；底部放了玻璃球、橡皮泥的不倒翁重量都集中到了底座上，下重上轻，就能站住；底部放了玻璃球的不倒翁虽然能站起来，但是一推不倒翁也会倒。

三、第二次操作，探究材料摆放的位置对不倒翁的影响

1.教师提问，引起学生兴趣。

师：为什么放玻璃球进去也不行？

幼1：玻璃球圆圆的，固定不住。

幼2：玻璃球在不倒翁里面会滚来滚去。

幼3：玻璃球跑到了旁边。

小班科学活动　49

师（利用透明不倒翁，边操作边小结）：由于玻璃球重量够，所以不倒翁能站起来，（见图3）但是玻璃球放进不倒翁里会滚来滚去，滚到哪边哪边就重，不倒翁总是倒向重的一边。（见图4）

图3 　　　　　　　　　　图4 　　　　　　　　　　图5

2.幼儿操作，教师巡回指导，指导幼儿固定物体。

引导语：老师现在提供了一些材料，（见图5）看看谁能帮助玻璃球稳稳地固定在不倒翁的肚子里。

3.幼儿大胆表达自己的发现，师幼共同小结。

幼1：我用双面胶粘住了玻璃球，它就不会跑动了。

幼2：超轻黏土也可以固定住玻璃球，我成功了。

师：我们可以把双面胶粘在底部，（见图6）然后把玻璃球粘在上面固定；（见图7）也可以在不倒翁底部均匀地铺上超轻黏土，（见图8）把玻璃球固定在中间。（见图9）

图6 　　　　　　　　　　图7

图8 　　　　　　　　　　图9

师：你们发现了不倒翁的什么秘密？

幼3：不倒翁的底部是半球形的，圆圆的，滑滑的。

幼4：不倒翁底部要有一个重重的东西。

幼5：而且要固定在底部的东西，不能让它滚来滚去。

4.梳理小结：不倒翁底部的形状是半球形，上面轻，底部重，底部重物需要固定住。

四、观看视频，拓展延伸，了解不倒翁在生活中的运用

1.幼儿观看视频，了解不倒翁在生活中的运用。

引导语：除了今天老师带来的不倒翁，你还知道生活中有哪些地方运用到了不倒翁？我们一起来看看吧。

幼1：不倒翁做成的沙包，怎么打都不会倒，太好玩了。

幼2：大唐不夜城的不倒翁小姐姐太漂亮了，太神奇了。

幼3：牙刷放到不倒翁做的杯子里，这样牙刷头就不会弄脏了。

2.梳理小结：原来生活中有这么多地方运用到了不倒翁，小朋友们回家后还可以跟爸爸妈妈一起找一找家里运用到不倒翁的物品。

活动延伸

1.发挥创意，运用各种材料装饰不倒翁。
2.和爸爸妈妈一起继续寻找运用不倒翁原理的物品。

教师思考

通过不倒翁实物导入有助于激发幼儿的学习兴趣。教师可以借助实物展示，利用提问突破教学难点，让幼儿直观发现不倒翁怎么推都不会倒，它们上半部分样子都不一样，但是它们的底部都是半球形，像碗一样。

在初次操作时，幼儿亲身体验、实际操作、直接感知不同的底部材料对不倒翁的影响。此环节还提供了记录表，将幼儿的猜想和探究结果作比较，帮助幼儿主动构建对不倒翁底部材料的认知。

第二次操作，幼儿通过辅助材料来固定玻璃球，制作成不倒翁。这是对上一个环节的推进，让幼儿明白单单有重物是制作不了不倒翁的，还需要固定住重物。在活动中教师发现了一些问题，如活动准备的材料不够多，一些能力强的幼儿还

想到了很多创新的方法，可是材料上有限，学生发挥空间受限。

科学来源于生活，也将回归于生活。最后环节又回归了生活，符合生活化科学的本质，符合幼儿的学习规律。

活动评析

1. 有效猜测助推幼儿的探究。

在两次探究实验中，教师引导幼儿分别针对"只要用半球形的底就可以制作不倒翁吗？需要再加上点什么""为什么放玻璃球进去也不行"进行猜想，通过交流、记录等方式进行表达。由于个体经验的差异，幼儿猜测结果有相同的，也有不同的，这样的信息传递给幼儿，有利于激发幼儿的探究兴趣，促使他们积极探究、主动思考，在验证猜想的过程中建构新经验。

2. 用可视化的梳理方式提升幼儿的经验。

在第二次操作活动中，师幼围绕"为什么放玻璃球进去也不行"进行了充分的讨论，利用透明不倒翁，边操作边小结："但是玻璃球放进不倒翁里会滚来滚去，滚到哪边哪边就重，不倒翁总是倒向重的一边。"教师考虑到幼儿的直觉行动思维和具体形象思维，合理选择视频演示的方法进行梳理，让幼儿观察、理解得更加清楚。

9 谁能装进瓶子里

设计者：林淑贤（厦门市同安区丙州幼儿园）
评析者：林燕玲（厦门市同安区丙州幼儿园）

活动由来

小一班幼儿 A 在玩区域游戏"喂娃娃"时，发现木头珠子可以装进娃娃的嘴巴里，乒乓球不能装进娃娃的嘴巴里，幼儿 B 看到了说："木头珠子比较小可以装进去，乒乓球太大了不能装进去。"幼儿喜欢重复摆弄材料，在建构区玩的时候也喜欢把积木、花片等建构小材料塞进小牛奶罐里，并乐此不疲。《指南》指出："成人要善于发现和保护幼儿的好奇心，充分利用自然和实际生活机会，引导幼儿通过观察、比较、操作、实验等方法，学习发现问题、分析问题和解决问题。"因此，教师设计了本次探究活动，基于小班幼儿思维的特点，引导幼儿通过直接感知、实际操作来探究哪些物体可以装进瓶子里，哪些物体不行，帮助幼儿了解影响物体是否能够装进瓶子里的因素，满足幼儿的好奇心，激发其探究的兴趣，让幼儿感受探究的乐趣。

活动目标

1. 初步感知物体能否装进瓶子里与物体本身材质的软硬和形状有关。
2. 尝试通过改变物体的形状或大小，将其装进瓶子里，愿意与同伴交流分享自己的操作过程。
3. 乐意参与游戏，享受探究将物体装进瓶子里的乐趣。

小班科学活动

活动准备

1. 经验准备：了解瓶子的结构，知道物体主要是从瓶口装进瓶子里；有将物体装进瓶子里的经验。

2. 物质准备：同款塑料瓶人手一个；第一次实验材料：I形和T形塑料小水管、乒乓球、小珠子、大小不同的积木等；（见图1）第二次实验材料：超轻黏土、报纸、布织布等。（见图2）

图1　　　　　　　　　　　　图2

活动过程

一、以瓶子要和幼儿玩游戏导入，激发幼儿活动的兴趣

师：今天我们班来了一位神秘的小客人，我们一起来看看它是谁？

幼（众）：瓶子。

师：是的，今天瓶子要和大家玩游戏，请你们帮忙找一找哪些物体可以装进瓶子里，哪些物体不能装进瓶子里。让我们一起来看看。

二、第一次探究，通过尝试多种材料，初步感知硬的物体能否装进瓶子里跟物体的形状、大小有关

1. 依次出示物体（第一次实验材料），幼儿说出物体名称。

幼1：积木、水管。

幼2：乒乓球、小珠子。

2. 猜想：哪些物体可以装进瓶子里？哪些物体不能装进瓶子里？为什么？并动手尝试。

（1）操作要求：每一种物体都要尝试一下，操作完成之后与旁边的小朋友分享你的操作过程，听到音乐马上坐回自己的位置上。

（2）幼儿自主操作，教师巡回观察指导。

3. 请个别幼儿分享自己的操作结果。

师：你刚才尝试了哪些物体？哪些物体可以装进瓶子里？哪些物体不可以？为什么？

幼1（边演示边答）：这个I形水管可以装进瓶子里，这个T形水管不能装进瓶子里。（见图3）

幼2：乒乓球比较大，不能装进瓶子里，小珠子比较小，可以装进瓶子里。（见图4）

幼3：小的积木可以装进瓶子里，大的积木不能装进瓶子里。

师：为什么这些物体可以装进去？

幼3：因为它们比较小。

师：它们比什么小？

幼3：它们比瓶口小，可以装进去，比瓶口大的物体就装不进去。

师：这两个水管很像，为什么这个可以装进去，那个却不行呢？

幼4（边演示边答）：这个水管直直的，可以装进去，那个水管有点像锤子，装不进去。

师：是的，它们的形状不一样，I型水管可以装进瓶子里，T型水管不能装进瓶子里。原来，物体的形状也会影响它们是否可以装进瓶子里。你们有没有发现这些物体摸起来都是什么感觉？

幼5：硬硬的。

4. 梳理小结：硬的物体的形状和大小会影响它们是否可以装进瓶子里，比瓶口大的硬的物体不能装进瓶子里，比瓶口小的可以装进瓶子里。（见图5）

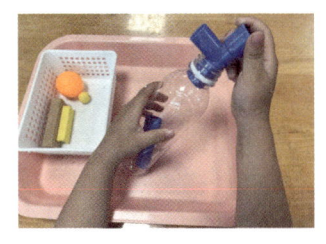

图3　　　　　　　　图4　　　　　　　　图5

小班科学活动　55

三、第二次探究：发现问题，尝试改变物体本身的形状或大小，将其装进瓶子里，愿意分享自己的操作过程

1.出示特殊物体（第二次实验材料），引导幼儿想办法将其装进瓶子里。

师：今天，老师还带来了几个特殊的物体，请小朋友们想想办法，把它们装进瓶子里，我们一起来看看有哪些物体。

幼1：超轻黏土。

幼2：布织布。

幼3：报纸。

师：你们觉得它们摸起来感觉怎么样？

幼4：软软的。

师：是的，它们摸起来都是软软的，那它们可以装进瓶子里吗？

幼4：不行，因为它们比瓶口大，装不进去。

幼5（边比划边答）：可以，把它们揉一揉就可以装进去。

师：既然有的小朋友觉得它们可以装进瓶子里，就请大家都去试试看，记得每一样物体都要尝试一下，操作完成之后跟旁边的小朋友分享你的操作过程，听到音乐马上坐回自己的位置上。

2.幼儿再次动手操作，教师巡回观察指导。

3.请个别幼儿分享自己的操作过程。

师：你用了什么好办法把它们装进瓶子里？谁要来跟大家分享一下。

幼1（边演示边答）：我把布织布卷一卷就可以装进去了。（见图6）

幼2：把报纸揉一揉变成小球，用力就可以压进去。（见图7）

图6　　　　　　　　　　　图7

幼3（边演示边答）：我把超轻黏土揉成长长的条就可以装进去。（见图8）

幼4：我把超轻黏土分成一小块一小块也可以装进去。（见图9）

图8　　　　　　　　　　　　　图9

4.梳理小结：我们可以通过揉、卷、折、压或者分成小块等方法，改变物体原来的形状或大小，就可以装进瓶子里，前提是这些物体是软的且容易变形的。

四、观看图片，拓展经验，了解通过改变物体的形状可以给生活带来便利

1.幼儿观看图片。

师：生活中，还有很多通过改变物体形状给生活带来便利的例子，我们一起来看看。

2.请幼儿分享交流。

师：图片上有哪些物体？它们是怎样改变自身的形状给生活带来便利的？

幼1：我看到把快递盒上的透明胶撕开，快递盒就可以被压扁收纳。

幼2：我看到了充气拱门，把里面的气放掉，拱门变扁了，把它折一折就比较容易收起来。

幼3：我看见把袜子卷一卷就可以收进盒子里。

幼4：我看到枕头被放进一个袋子里，用抽气筒把袋子里的空气抽出来，枕头就变扁了。

3.梳理小结：是的，生活中有很多通过改变物体形状来获得便利的事，例如图片所示，将快递盒压扁，便于收纳；将充气拱门里的气放掉，便于将拱门收纳起来下次使用；将成双的袜子卷一卷收起来，不但便于收纳，而且便于快速找到成双袜子；将枕头放进压缩袋里面，把里面的空气抽出来，枕头体积变小便于收纳。请小朋友们回家和爸爸妈妈一起找一找，生活中还有哪些物体可以通过改变自身的形状或大小给生活带来便利，下次我们再一起来分享。

小班科学活动 | 57

> 活动延伸

1.区域游戏：在科学区提供瓶口大小不同的瓶子和各种材质的物体，让幼儿继续探究影响物体装进瓶子里的因素还有哪些。

2.家园共育：

（1）请家长带领幼儿找一找身边还有哪些通过改变物体自身形状或大小为生活带来便利的例子。

（2）请家长带领幼儿实际操作，体验通过改变物体的形状或大小给生活带来便利。

> 教师思考

本次活动目标主要通过两次探究活动来达成。第一次探究活动中，幼儿根据教师提供的材料，通过操作发现可以装进瓶子里的物体和不能装进瓶子里的物体。在这个环节中，采用启发式的追问方式，帮助幼儿思考并逐步了解，影响硬的物体是否能装进瓶子里的因素主要是物体本身的形状和大小。第二次探究活动中，教师主要提供比瓶口大、软且容易变形的物体，设置难题，让幼儿在实际操作中通过观察、思考，发现改变这些物体的形状或大小可以把物体装进瓶子里。教师通过创设自由、宽松的语言环境，鼓励和支持幼儿想说、敢说、喜欢说，愿意分享自己的操作过程，同时，培养幼儿仔细观察、善于思考、解决问题的好品质。最后，在拓展经验中，重点引导幼儿从图片上了解生活中通过改变物体的形状或大小来获得便利的例子，有利于幼儿将所学到的知识应用到实际生活中，迁移经验，促进幼儿深度学习。

> 活动评析

1.选材适宜，充分遵循幼儿身心发展规律和认知特点。

在内容的选择上，抓住小班幼儿在日常学习和生活中感兴趣的点——把物体装进洞里，生成本次小班科学活动。在材料的提供上，遵循小班幼儿的认知特点，选择幼儿日常生活中常见的操作材料，如积木、报纸、水管等，链接幼儿的生活经验，为幼儿有效探究材料奠定基础。

2.关注过程，有效地推动幼儿发展科学领域核心能力。

在第一次探究活动过程中，教师提供丰富的可操作材料，幼儿通过观察、操作材料，发现可以装进瓶子里的物体和不能装进瓶子里的物体，教师通过递进式的提问"为什么这些物体可以装进去""它们比什么小""这两个水管很像，为什么这个可以装进去，那个却不行呢"，步步推进，帮助幼儿梳理、整合经验，知道物体的形状、大小影响物体是否可以装进瓶子里，从而引出新一轮的探究，发现通过改变物体的形状或者大小可以将有些物体装进瓶子里。

3.方法适宜，有效地帮助幼儿提升科学探究能力。

教师注重引导幼儿在操作结束之后与旁边的幼儿分享自己的操作过程，以及在集体面前分享自己的操作过程，创造环境鼓励和支持幼儿表达自己的想法，分享自己的操作结果，倾听同伴的见解，从而促进幼儿将获取到的经验进行梳理，形成一定的认知结构，有利于促进幼儿探究能力的提升。

10 变大了

设计者：曾晓思（厦门市同安区西洪塘幼儿园）
评析者：程伟群（厦门市同安区西洪塘幼儿园）

活动由来

孩子们很喜欢喝银耳汤，有一次在喝银耳汤的时候，有个孩子说："我们吃的这个银耳本来是小小的。"这个话题引发了其他小朋友的兴趣，于是他们一起讨论起来："对，这个银耳好像要放在水里泡。""它为什么会变大呀？"……孩子们对银耳变大的现象感到好奇。《指南》中指出：应注重引导幼儿通过直接感知、亲身体验和实际操作进行科学学习。于是，顺着幼儿的兴趣点，我们开始了探究。

活动目标

1. 能运用多种感官感知银耳的外形特征。
2. 愿意动手尝试泡发食品。
3. 体验食品泡发后由小变大的现象带来的乐趣。

活动准备

物质准备：盘子6个，透明盒人手1个，镊子人手1把，干毛巾6条，干银耳、干香菇、干海带、黑木耳、干菊花、莲藕、土豆等若干。（见图1）

图1

活动过程

一、通过多种感官发现干银耳的特征

1. 引导幼儿自主探索干银耳。（见图2）
2. 引导幼儿自由探索干银耳，观察干银耳的外形。
3. 分享交流：你是怎么观察的？干银耳是什么样子？摸起来是什么感觉？

幼1：我感觉干银耳摸起来是硬硬的。

幼2：我轻轻地摸，有刺刺的感觉。

幼3：我刚才一不小心捏碎了一点点，我们要轻轻地拿。

图2

幼4：这个银耳是黄色的，看起来很像一朵花。

幼5：你们闻，它是有味道的，有一点点香味。

4. 梳理小结：干银耳晒干或烘干后的颜色为金黄色，形状一般为菊花状或鸡冠状，形状完整，无异味。

二、第一次动手操作，观察银耳遇水的变化

1. 猜想。

引导语：现在老师用干银耳进行魔术表演，我把干银耳轻轻地放进盆子里，再请温水来帮帮忙，泡一会儿。你们猜猜：干银耳会有变化吗？

引导幼儿根据自己的生活经验猜测。

幼1：我觉得干银耳泡在水里后会变色，变成白色或者变成很黄很黄的颜色。

幼2：干银耳泡水后会变得很大。

师：除了会变色、变大，还会有什么变化？

2. 验证。

引导语：现在请你们来当魔术师，把干银耳变一变。请小朋友们回到桌子旁，把透明盒里的干银耳放到温水中，仔细观察：干银耳在水中发生了什么变化？

教师引导幼儿动手泡发干银耳，观察变化，比较干、湿银耳。（见图3~4）

小班科学活动　61

图3　　　　　　　　　　　　图4

3. 梳理小结：原来小小的、硬硬的、黄色的干银耳在温水中会有一点点变色，而且还会慢慢变大变软，这个过程叫做"泡发"。

三、再次操作，判断生活中的其他食品是否也能泡发

1. 引导幼儿依次探究木耳、茶叶、干菊花、香菇、干海带等，（见图5）观察不同食品遇水后的变化，（见图6）说说自己的发现。

引导语：今天老师还带来了一些食品，请小朋友们看一看，摸一摸，猜一猜，哪些食品可以泡发，哪些食品不能泡发。可泡发的食品和不可泡发的食品有何不同？

图5　　　　　　　　　　　　图6

幼1：黑木耳和干银耳都能泡发，会变大。

幼2：菊花会变大，莲藕泡好久都没有变大。

幼3：我把干香菇放在水里，能泡发变大，香菇变得滑滑的，软软的。

幼4：土豆没有变化，不能泡发。

2. 梳理小结：生活中的食品有的能泡发变大变软，有的不能泡发，没有变化。能泡发的食品有：干银耳、茶叶、干菊花、干海带、干香菇等，不能泡发的食品

有：土豆、莲藕等。

四、视频经验迁移，了解食品泡发在生活中的应用

1. 引导语：泡发食品在我们生活中比较常见，请你们看一看视频里食品泡发后可以有什么作用。

2. 观看泡发食品可应用的视频。

梳理小结：泡发后的银耳可以煮成美味可口的甜品，菊花泡水可直接饮用，香菇、海带泡发后可做成营养可口的美食。

活动延伸

家园共育：鼓励幼儿在家里找一找可泡发的食品。

教师思考

在本次活动过程中，幼儿在看一看、摸一摸、闻一闻干银耳过程中有主动探究的欲望，通过多种感官的参与使其在不知不觉中对活动内容产生兴趣。

在第一次动手操作中，重点是让幼儿自主探索问题，用适当的方式表达、交流探索的过程和发现。在第二次操作过程中，教师为幼儿提供了更多的材料，让幼儿自己动手操作，给他们充分的探索时间，自己去看、自己去探索。

通过观察、比较、操作，激发幼儿探究的欲望。在操作过程中，幼儿体验了探索的喜悦，通过多种感官发现材料的软硬、泡发后的特性，激发其好奇心与探究欲望。

活动评析

1. 该活动体现了教师的课程意识。

活动由幼儿在吃点心时对银耳变大的现象感到好奇引发的,既基于幼儿兴趣，又能给幼儿发展提供有价值的体验，发挥幼儿主体性，促进幼儿获取新经验。

2. 通过运用多种感官体验银耳的外形特征，再到体验银耳和生活中其他常见食品遇到水后的变化，从而得出探究结论，满足幼儿的好奇心和探究欲望，并提升幼儿的观察力和动手实践能力。

3. 活动小建议：可在活动延伸里添加一条食品泡发后迁移到生活的应用，与厨房进行联动，将活动中幼儿泡发的食品制作成美食一些品尝。

小班科学活动

11. 小火箭飞啊飞

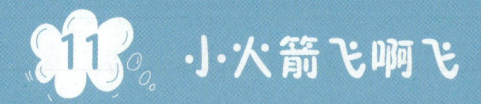

设计者：吴依娉（厦门市同安区阳翟幼儿园）
评析者：林　琳（厦门市同安区阳翟幼儿园）

活动由来

孩子们对于火箭上天十分感兴趣，而火箭对于幼儿来说是陌生的，他们心中有一个问题：火箭为什么能发射上天？与孩子们的交谈中，教师发现，有的孩子说长大了想做宇航员，坐上火箭去太空；有的想制作一个火箭……围绕着孩子们的这个兴趣点，教师设计了本次科学活动，通过观察、动手操作等活动激发幼儿对科学的兴趣和探索欲望。

活动目标

1. 感知体验用瓶子发射吸管小火箭的有趣现象。
2. 乐于动手制作小火箭玩具，并从实验中感受到快乐。

活动准备

1. 经验准备：看过发射火箭的场景图片或视频。
2. 物质准备：若干塑料瓶、带孔瓶盖、吸管（长短不同）、泡沫小球等。（见图1）火箭发射的图片或视频(家长配合准备)。

图1

活动过程

一、活动导入，激发幼儿兴趣

1. 教师播放火箭发射的图片或视频，引起幼儿探索的兴趣。

引导语：看，这是什么？原来是火箭发射的场景。火箭长什么样子？火箭发射的时候，下面的巨大气团是什么？火箭是怎么飞上天的？

幼1：火箭的身体长长的，头尖尖的。

幼2：哇，火箭飞起来了！

幼3：飞起来的时候冒出很多烟。

2. 梳理小结（结合视频）：火箭是利用内部燃料燃烧产生的高温高压气体从尾部喷出所产生的反冲力前进，从而飞上天的。

二、认识实验材料，制作吸管小火箭

1. 幼儿猜想。

引导语：你们想不想也动手做一个小火箭呢？先一起来看看你们手中的材料，哪些材料可以用来当小火箭？

幼1：有很多吸管，有长有短。

幼2：可以用那个长长的吸管来做小火箭的身体。

师：短吸管可以用来作小火箭的身体吗？

幼3：也可以呀，小火箭可以有长的，也可以有短的。

幼4：小球用来做什么呢？

幼5：可以做小火箭的头。

2. 教师引导幼儿利用粗吸管制作长短不同的小火箭，用泡沫小球将粗吸管的一端堵住。

3. 做好吸管小火箭以后，请幼儿把细吸管插入瓶盖孔中，拧紧瓶盖。之后，探索用塑料瓶和细吸管当发射器来发射小火箭。（见图2）

图2

三、发射小火箭，探索多样玩法

1. 教师提示，幼儿探索。

引导语：你的发射器和小火箭都已经做好了吗，怎样来发射呢？

幼1：老师，快看，我一按发射器，火箭就飞出去了！（见图3）

小班科学活动　65

图 3 　　　　　　　　　　　　图 4

幼 2：老师看我，我这样做，小火箭也能飞出去（用嘴巴吹吸管）。（见图 4）

幼 3：老师你看，我的火箭能飞好远！

师：为什么你的火箭能飞这么远？

幼 3：刚刚我用小小的力气按，小火箭只能飞一点点，后来我就用大点的力一按，小火箭就飞很远了。

幼 4：对啊，我刚刚用力吹，它也能飞很远。

师：那你们知道为什么火箭能飞出去吗？

幼 2：因为有空气。

幼 3：因为我的力气很大，把它按飞起来了。

幼 4：我给它吹了很大一口气！

2. 梳理小结：是的，当我们挤压塑料瓶或者对着吸管吹气的时候，瓶子里和吸管里的空气要从出气口跑出来，就推动火箭飞起来，真有趣。

四、开展火箭比赛游戏，引发幼儿探究火箭飞得远的秘密

1. 引导语：现在小朋友们的火箭都制作好了，大家也想了很多玩法，我们来比一比谁的火箭飞得更远吧。

2. 幼儿进行比赛，用不同的发射方式发射大小相同的火箭。（见图 5~6）

图 5 　　　　　　　　　　　　图 6

3.幼儿进行比赛，用相同的发射方式发射不同大小的火箭。（见图7~8）

图7　　　　　　　　　　　　图8

师：你觉得哪个小火箭飞得更高更远？要想让小火箭飞得更高，应该怎么做？

幼1：我看见小火箭都比大火箭飞得更远。

师：你们知道是为什么吗？

幼2：小火箭比较轻，轻才能飞起来。

幼3：用吹的火箭飞得更远。

师：为什么用吹的火箭飞得更远？

幼3：因为我能用力吹。

幼4：我用力按也能飞很远。

4.梳理小结：火箭轻，用力按或者吹，按或吹的速度要快，才能让小火箭飞得更远。

活动延伸

在区域活动中提供各种瓶子（大的、硬的、软的、环形的等），引导幼儿换不同瓶子玩，看看会不会有不一样的发现，再和小朋友们一起分享，进一步拓宽幼儿思维，引发更多的思考，为后续探索留下悬念。

教师思考

本次活动通过让幼儿观看火箭发射视频，在此基础上引发思考，并与材料互动，自主探索出做小火箭的方法。接着在幼儿已经成功制作出小火箭的基础上，教师引导幼儿探索多样的玩法，让幼儿自主自发地发现小火箭发射的各种方法，进一步感知挤压塑料瓶或者向吸管吹气时，空气受压迫，由出气口急速喷出，产生的强大气流对小火箭施加了一个向前的冲力，从而使小火箭腾空飞起。最后在幼儿已经掌握小火箭多种玩法的基础上，教师引入游戏，让幼儿进一步感知不同

小班科学活动　67

火箭或者不同的发射方式对火箭飞得远或近的影响，让幼儿在游戏中发现问题，启发幼儿思考，从而找到问题的答案。

本次活动环节层次递进，且充分体现了幼儿的主导地位，让幼儿在探索操作中近距离地体验身边科学带来的乐趣，学会用发现的眼光看待事物，并乐于探究。

活动评析

1. 选材非常有趣。

本次活动内容对小班幼儿充满了挑战，既让他们在游戏过程中探索了小火箭的多种玩法，又收获了满满的乐趣。

2. 结构非常清晰。

三次操作各有重点，第一次操作——如何制作发射器；第二次操作——探索火箭的多样玩法；第三次操作——哪种玩法能让火箭飞得更高、更远。三次操作目的明确，重点鲜明，让幼儿每一次操作的有效性都明显得到提升。

3. 充分锻炼幼儿动手实验的能力。

一切的结论都是源自幼儿的动手操作、体验，让幼儿在探究中掌握了小火箭的发射原理和影响因素，充分体现了幼儿的主体地位。

中班科学活动

1 谁在推动我（大气压力）

设计者：邵亚娇（厦门市同安区实验幼儿园）
评析者：周维维（厦门市同安区实验幼儿园）

活动由来

幼儿收集了一些已去掉针头的注射器投放在角色区，在一次游戏中，一名"护士"把注射器的头紧紧地顶住布娃娃的手臂，导致注射器推不动，松开，注射器又可以推动了。这一不经意的发现引发了幼儿的好奇心，如：注射器为什么能抽水？在水里推动注射器为什么会产生泡泡？因此，教师以注射器为线索，设计了本次科学活动。

活动目标

1. 发现注射器内空气的存在，初步了解注射器会抽水、注水的原因。
2. 感知大气压的力量，能用自己喜欢的符号来记录自己的猜想与实验结果。
3. 乐于参与科学探究，了解大气压与人类生活的联系。

活动准备

1. 经验准备：幼儿在植物角、角色游戏中玩过注射器（已去掉针头）。
2. 物质准备：角色游戏"打针"视频、注射器（已去掉针头）、纸片青蛙、塑料软管、颜料水、生活中大气压原理的运用视频一段、记录卡、笔等。

> 活动过程

一、角色游戏视频导入，初步感知活塞推不动的原因

1. 观看角色游戏打针视频。（见图1）
2. 分享交流：视频中发生了什么？你觉得是什么原因引起的？

幼1：我看到"护士"在给"娃娃"打针的时候针筒推不动，可能是针筒坏了。

师：注射器的外管叫针筒，用于推药注射的这个黑黑的橡胶叫活塞。

幼2：因为注射器的孔离"娃娃"的手臂太近了，洞口被堵住了才会推不动。

师：这个小朋友的想法很有意思，我们一起来看看视频，看看最后"护士"有没有成功推动注射器。（继续播放视频）（见图2）

| 图1 | 图2 |

3. 梳理小结：真有趣，原来松开堵住的孔，就可以顺利推动活塞了。

二、自由操作注射器，发现注射器内空气的存在

1. 幼儿玩注射器，通过实验发现注射器内空气的存在。

引导语：为什么堵住注射器洞口活塞就推不动，松开洞口活塞又可以推动了呢？老师给你们准备了注射器、操作包等，你们去玩一玩，看看注射器究竟藏着什么秘密，并将发现记录在记录表上。

材　料	猜　想	结　果

2.幼儿操作，教师巡回观察、指导。

3.交流分享：你是怎么玩的？你发现了什么秘密？

幼1：我刚刚把注射器的孔堵住了，真的推不动，也拉不起来。（见图3）

幼2：我把注射器对着我的手心推，发现有一股小小的风吹出来。（见图4）

图3 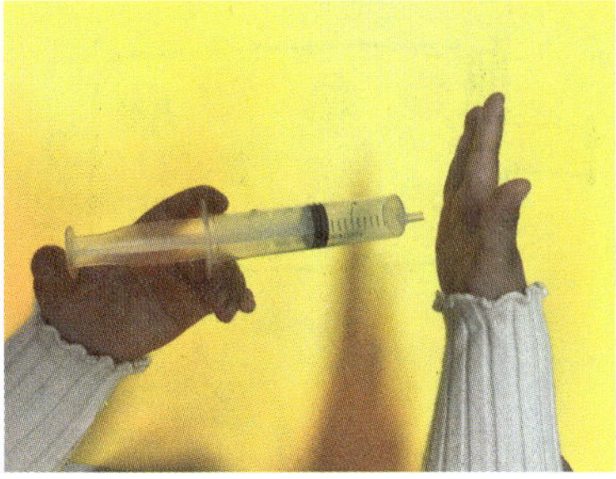　　　　　　　　　　图4

幼3：我们把注射器朝着"青蛙"推，风把"青蛙"推进了池塘。（见图5~6）

图5 　　　　　　　　　　图6

幼4：我把拉起活塞的注射器对着水推，水里出现了很多的泡泡。（见图7）

幼5：我把注射器放入水里拉动活塞，成功把水抽出来了，但是有时候装得满，有时候装不满。（见图8）

图7 　　　　　　　　　　图8

中班科学活动　73

4.梳理小结（结合图示）：当我们拉动活塞的时候，外面的气压比较大，把空气推进注射器了；当我们再次推动活塞的时候，空气就会被挤压推出来，同时也产生一股力量，能把"青蛙"推跑了。（见图9~12）

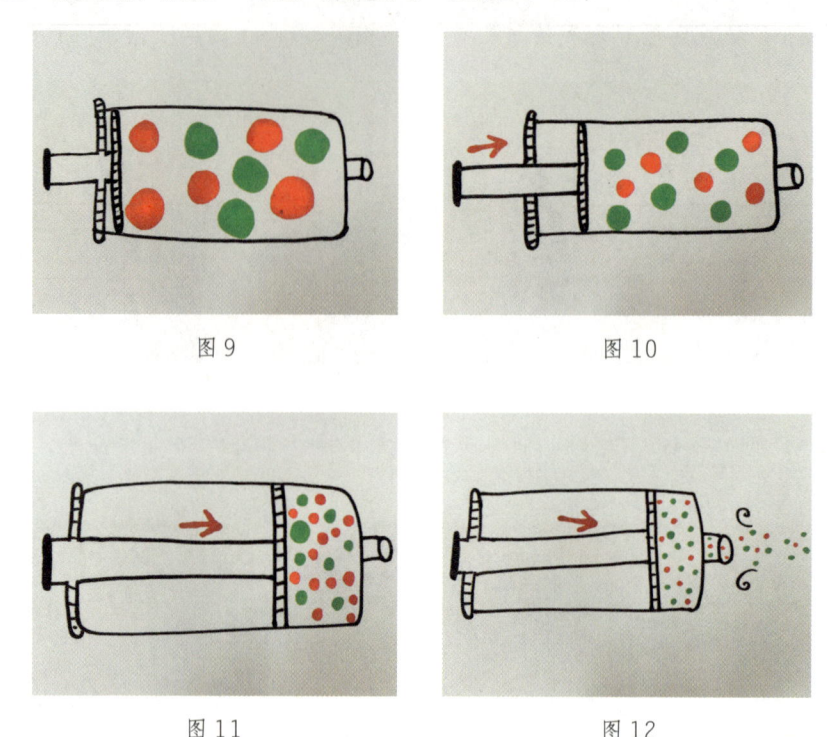

图9

图10

图11

图12

三、再次操作注射器，感知大气压的力量

1.出示软管、颜料水，激发探究欲望。

引导语：你们已经发现了"挤压空气会产生推动的力量"这个小秘密。那如果把两个注射器连接在一起，再推拉活塞，又会发生什么现象呢？如果针筒里面装了水，推动活塞会不会产生力量呢？老师为你们准备了颜料水、软管，和你们的小伙伴一起去试一试会发生哪些有趣的现象吧，把你们的发现记录下来。

2.幼儿两两合作探究，教师巡视指导。

3.结合记录表，鼓励幼儿大胆分享实验的发现。

幼1：我和我的朋友先把塑料软管连接到两个注射器，同时拉起两边的活塞，软管就变扁了，同时推动活塞，又发现根本推不进去。（见图13）

幼2：我们只推一个注射器，发现另一个注射器居然动了。

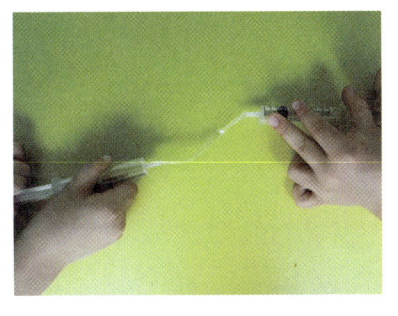

图13　　　　　　　　　　图14

师：往哪里动？怎么动？

幼2：它自己拉起来了，都没人动它，太神奇了。记录表的箭头表示它动的方向，我都记录下来了。

幼3：我们装了颜料水，刚开始我们同时推两边的注射器，颜料水一动不动的，后来只有我这边推动装颜料水的注射器，发现水都往软管流。（见图14）

师：那么，另一支注射器的活塞有变化吗？

幼3：另一支注射器的活塞也自己拉了起来，好像有人在拉它一样，其实根本没人拉它。

4.梳理小结：塑料软管连接到两个注射器时，注射器和塑料软管都充满了空气或水。一个注射器的活塞向前推动，就会挤压里面的空气或水，形成一股大气压力，推动另一个活塞运动。这就是大气压的力量。医生使用注射器给病人打针就是利用了大气压的力量把针筒里面的液体药物推进人体的血管里。

四、联系生活，感知生活中的大气压现象及运用

1.观看生活中大气压原理的运用视频，如用吸管喝饮料、使用吸盘挂钩等。

2.交流分享，说说你从视频中发现了什么。

引导语：在视频里，你发现了生活中哪些东西利用了大气压的力量。

幼1：我看到了人们用吸管喝饮料，真方便。

幼2：我看到了人们把吸盘挂钩贴在墙壁上，居然吸住了。

师：它没有涂胶水，为什么也能吸住呢？

幼2：因为外面的大气压把它推进去了。

师：吸盘挂钩贴相比于粘胶的挂钩贴有什么优点呢？

幼3：吸盘挂钩贴拔起来不会留痕迹，它还可以重复使用。黏胶的挂钩贴拔

中班科学活动

起来就不黏了,而且墙上会留下胶印,影响墙壁的美观。

3. 梳理小结:人们真聪明,利用大气压的力量发明了很多东西,给我们的生活提供了方便。除了视频里的内容,你在生活中还知道哪些东西也是运用了大气压的力量呢?回去以后可以跟爸爸妈妈一起找一找,查查资料,做做小实验。

五、出示两个不同大小的注射器,引发幼儿持续探究的兴趣

1. 教师出示两个不同大小的注射器,提出问题,引发幼儿猜想:猜一猜,两个不同大小的注射器产生的力量一样吗?

2. 结合讨论,鼓励幼儿持续探究。

幼1:我觉得推动大的那个注射器产生的力量比较大。

幼2:可能会把小的注射器活塞喷射出去。

师:结果到底会是什么样的?我们可以到科学区,用软管把它们连接在一起试试看。

活动延伸

1. 区域活动:在科学区提供大小不同的注射器,让幼儿探究和对比推动不同大小的注射器产生的力量。

2. 家园联系:请家长与幼儿共同寻找资料,让幼儿了解大气压强在生活中的运用。

教师思考

在本次活动中,教师结合幼儿在角色游戏中"打针"时出现的问题,在活动中给幼儿提供充分的操作、探索的时间和材料,把无形的气压变成"可感受""能理解"的体验。通过连接两个注射器,并投放了颜料水,让幼儿更直观地感知看不见、摸不着的大气压的力量,从而了解注射器打针的科学原理。幼儿通过合作,一次次地变换操作方法,一次次地观察和探究,并记录自己的发现,观察能力、探究能力、合作能力、记录能力都得到了提升。在活动中教师给幼儿提供充分的表达表现的机会,并加以适时的启发引导、经验梳理,让幼儿自己发现注射器内空气的存在。

科学现象和原理来源于生活,最终应回归和运用于生活才更有意义。在活动中,教师收集了大气压力在生活中的运用视频供幼儿了解,让幼儿感知生活中的

大气压现象及运用，也进一步激发幼儿观察生活、乐于探究的欲望，感受人类利用科学解决生活问题的聪明才智。从幼儿的现场表现来看，幼儿热衷于比较、探究的过程，表现出了浓厚的兴趣和愉悦的情绪。

活动评析

大气压无形、无味、难捕捉，平时很难引起幼儿的关注，却因一次机缘巧合，让幼儿在自主游戏中发现了问题，从而助推了本次活动的生成。教师捕捉到了幼儿的兴趣，并积极为幼儿创造条件，让幼儿在与材料的互动中去感知、体验、探究与习得。

1. 巧捕捉，善发现。

教师巧妙地捕捉到了幼儿的兴趣，有效地解决幼儿对大气压现象的疑惑（活塞为什么推不动的现象），并将幼儿的兴趣扩大，让幼儿带着问题与好奇心去探索与尝试。

2. 巧设疑，善推进。

从初步感知活塞推不动的原因，到发现注射器内空气的存在，再到感知大气压的力量，教师的每一步活动设计都是基于幼儿当下的经验，再继续往下推进。通过材料的提供，让幼儿在与材料的互动中去感受、体验，助推幼儿的深度探索。教师的每一次提问，都是巧妙地进行追问，帮助幼儿从茫然无序中聚焦到有意识的探究，从而促进目标的达成。

3. 巧支持，善激发。

教师提供了充足的材料支持幼儿的深入探究，并在活动第三环节中，利用两两互动来激发幼儿合作探究的能力。当然，科学活动的学习不能仅仅停留在认知上，在活动过程的第四个环节，教师引导幼儿联系生活，感知生活中的大气压现象及运用，还高效地利用了课件视频，巧妙地支持幼儿把科学现象与生活联系起来，了解科学与人们生活的关系。

2 有趣的转动

设计者：林亚艺（厦门市同安区第三实验幼儿园）
评析者：林雅萍（厦门市同安区第三实验幼儿园）

活动由来

在中班的科学活动中幼儿学过"快乐回力镖""旋转的乒乓球花"，幼儿对旋转的回力镖和乒乓球花表现出了极大的兴趣，幼儿积极地讨论着关于旋转的各种问题："一拉皮筋，回力镖旋转着旋转着就飞到天上了，太酷了。""乒乓球花居然能在泥工板上旋转，太好玩了。""我们身边还有哪些物品会转动呢？""看，墙上的时钟会转。""还有风扇也会转动啊。""我的裙子也会转动。"《幼儿园教育指导纲要》中指出"科学教育应密切联系幼儿的生活实际进行，利用身边的事物和现象作为科学探索的对象"。为了顺应幼儿的需求，生成了本次集中课活动，让幼儿继续探究、感知有趣的转动现象，激发幼儿探索的好奇心和学习兴趣，积累转动的经验、探索的方法。

活动目标

1. 感知转动的现象，愿意表达自己的发现。
2. 了解物体转动需要外力条件，知道外力大小对转动的影响。
3. 关注生活中转动的现象，感受现代科技给人们带来的方便，初步萌发发明创造的欲望。

活动准备

1. 经验准备：对转动有初步的感知经验，有坐过旋转木马、玩过"迷迷转"

游戏等。

2.物质准备：PPT课件、记录表、笔、风车、竹蜻蜓、风扇、拨浪鼓、陀螺、魔豆、摩天轮、筷子、绳子、雪花片、纸片等。（见图1）

图1

活动过程

一、参观"转动玩具展览馆"，激发幼儿活动的兴趣，让幼儿积极探索发现转动的秘密

1.幼儿第一次操作，教师巡回观察、指导。

引导语：今天我们要去参观一个玩具展览馆，这些玩具都是可以转动的，大家可以看一看，玩一玩，想办法让这些玩具转动起来。

2.幼儿分享自己的发现。

引导语：你刚才玩了什么？你用了什么方法让它转起来？除了这个方法，还有别的方法能让它转动起来吗？

幼1：我玩的是陀螺，我把它拧一下，它就转起来了。我还玩了拨浪鼓，摇一下，它也转起来了。

幼2：我玩的是风车，带着它跑起来，风车就转得特别快，用手拨风车，风车也可以转动。

师：带着跑或用手拨，同样的风车你却用了不一样的方法让它转起来，真不错！除了这些，你们还能想办法让一个物体帮助另一个物体转动起来吗？

3.幼儿第二次操作，教师引导幼儿发现转动时的有趣现象，感知转动的简单原理。

中班科学活动　79

4. 教师介绍材料，（见图2）出示记录表，提出要求：你们发现了什么有趣的现象？

图2

A. 5个人一组，商量分工，分成观察者、操作者、记录者。

B. 鼓励幼儿大胆猜想如何组合物体，引导幼儿用自己喜欢的方式做记录。

材　料	猜　想 ❓	结　果 ✋
……		

5. 幼儿操作完成后结合记录表说一说自己在操作中的发现。

幼1：我是用筷子插在雪花片上，用力快速地转动筷子，雪花片就变成了一个圆形。

师：还有谁跟他一样是玩雪花片的，转起来是什么样子呢？

幼2：我是用绳子摇雪花片，雪花片朝着同一个方向转得很快，花纹就看不到了。

6. 梳理小结：玩具展览馆的玩具真有趣，原来是静止不动的，但小朋友用了转、拧、吹、搓、拨、甩等方法后，在力的作用下，它们就转动起来了。还有的小朋友发现了一个很大的秘密，所有转动的物体都是朝一个方向，围绕一个中心进行运动（教师在白板上画出，见图3），物体围绕一个中心作圆周运动就是转动。用的力越大，物体转动的速度越快。

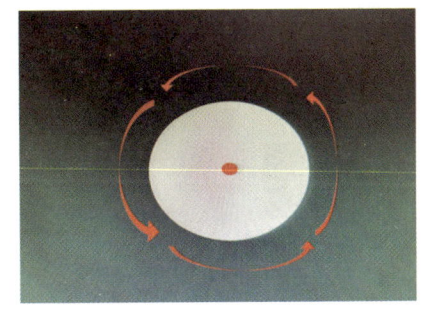

图3

二、操作探索：外力大小对物体转动的影响

1.出示风车，引发猜想。

引导语：这个是什么呀？现在请两个小朋友上台来一起玩，看一看，比一比哪个风车转得快，转得久？怎么比较更准确？

师：哪个颜色的风车转得快，转得久？为什么呢？你们是怎么比较出来的？怎么比较才更准确？

幼1：绿色的风车转得久，因为我是用嘴巴吹了好几次，还有我吹的力气大。

师：你们觉得他们这样比可以吗？

幼2：不能这样比，因为用嘴巴吹和用手拨，两种方法不一样，用力次数也不一样，不好比。

师：那你们觉得应该怎么比？

幼（一起答）：可以统一用嘴巴吹或者统一用手拨，还要同时开始比赛。

师：怎么样才算同时开始呢？

幼3：可以使用按铃，按铃一按就同时开始，还有只能吹一次或者拨一次，次数也要一样，这样才公平。

师：看来比赛的时候，要同时开始，每次比赛的时候只能吹或者拨一次风车，方法要一样，次数也要一样。

2.幼儿分组探索，教师巡回观察指导。

引导语：力气大小是不是真的对转动的速度有影响呢？小朋友们可以分组再去试试看。

（1）介绍操作材料：魔豆、陀螺、风车等。（见图4）

图4

中班科学活动 81

（2）出示记录表，提出要求：

材料	猜想❓	结果✋	发现🔍
……			

A.5个人一组，商量分工，分成观察者、操作者、记录者。

B.选择同一种材料和同伴进行比赛，比赛要同时开始（记录者按按铃），每次比赛时只拨动魔豆一下，只吹一次风车，只拧一次陀螺，比比谁转得更久。

C.鼓励幼儿把自己的发现用喜欢的符号画下来。

3.幼儿分享交流。

引导语：刚才你和同伴用了什么办法一起转动魔豆、风车和陀螺的？谁转得更快？为什么？

幼1：我拨魔豆的力气越大，魔豆就转得越快，时间也转得越久。

幼2：我拧动陀螺的力气越大，陀螺就转得更快更久；我吹风车的力气越大，风车就转得更快更久。

幼3：我们这一组是用拨的，我拨风车力气小，风车转得慢。

4.梳理小结：通过实验，我们发现了力气大小对玩具转动的速度和时间有影响。拧的力气越大，拨的力气越大，吹的力气越大，玩具就转得越快，转动时间越长；反之，则越慢，转动时间越短。

三、观看视频，引导幼儿关注生活中的转动现象，感受现代科技给人们的生活带来的方便，初步激发幼儿发明创造的欲望

引导语：在平时生活中你们是否有发现哪些东西会转动呢？这些能给我们生活带来哪些便利呢？今天老师带来一个视频，请小朋友们仔细看视频里面的转动现象给我们的生活带来哪些方便。

幼1：视频里面的风车转动可以用来发电，沙子搅拌机把沙子、泥土、水搅拌在一起就可以建房子了，车子通过轮胎转动就可以带我们到很远的地方去旅行，洗衣机滚筒转动就能把衣服洗得很干净。

幼2：直升机的螺旋桨转动可以让飞机飞上天空。

梳理小结：人们利用转动的原理发明了很多物品，这些转动物品的诞生都离不开人类的智慧，这些物品的发明为我们的生活增添了许多便利，转动现象在我们的生活中随处可见，转动的用处可真大啊！

四、交流讨论，进一步激发幼儿持续探究发明创造的欲望

引导语：正如小朋友们看到的视频那样，转动的物品对我们生活的影响是巨大的，转动可以给我们带来这么多方便、这么多快乐……如果你是小小发明家，请你开动脑筋，说一说你想发明哪些转动的物品？它们能给我们的生活带来哪些便利呢？

幼1：我想发明一个带有自动转动的水龙头和自动转动洗碗布的洗碗机，那样我妈妈就不用洗碗了；我还想发明能边移动边旋转的喷水机，这样浇花又省力，又方便。

幼2：我想发明能够转动的超人无敌战斗机，它转得很快，能打跑所有坏人。

幼3：我想发明一个会旋转的房子，遇到水灾、火灾、地震，房子一旋转就可以飞到天上，移动到安全的地方。要是我能够发明一个旋转魔法汽车，它就能带我们去童话世界旅行了。

梳理小结：小朋友们个个都是爱动脑筋的发明家，你们想发明的这些会转动的物品都非常有创意，相信经过你们的不懈努力，长大后你们就能发明出自己想要的物品，给我们的生活带来便利。

活动延伸

1.区域游戏：鼓励幼儿在美工区将自己想发明的东西绘制出来；在科学区准备各种各样的材料，供幼儿继续探索物体的转动，让他们尝试设计自己想发明的物品。

2.家园共育：请家长和幼儿一起关注生活中更多的转动现象。

教师思考

活动过程分四个环节。在第一个导入环节，通过参观"转动玩具展览馆"，为幼儿提供多种常见的操作材料，让幼儿带着老师提的几个问题去观察，在猜想、思考中体验。幼儿通过操作材料，直接感性地获取有关转动的知识经验，感知转动原理。在第二个环节，教师给幼儿提供充分的观察、比较的时间，提供充分的表达表现的机会，并加以适时的启发引导、经验梳理，让幼儿自己尝试发现并比较风车、陀螺、魔豆转动快慢的影响因素，知道外力大小对物体转动的影响。在第三个环节，教师让幼儿观察、寻找以及思考日常生活中转动的现象，紧接着出示视频让幼儿进一步观看、感受现代科技带给人们的便利，初步激发了幼儿的探究兴趣，为下个环节激发幼儿持续探究发明创造做铺垫。在第四个环节，教师鼓励、支持幼儿积极表达，让幼儿完全沉浸在放飞想象、发明创造的愉悦与兴奋中，在幼儿幼小的心灵中埋下科学发明的种子，触发幼儿发明创造的欲望。

活动评析

1. 活动内容符合中班幼儿特点，活动各环节均指向活动目标，活动效果好。

本次教学活动内容来源于幼儿兴趣与需求，且紧密围绕着生活中的转动现象展开。幼儿通过发现身边物体的转动，进而探索外力大小对物体转动的影响，感知了转动现象，体验转动带来的乐趣，环节层层递进。活动中，幼儿积极探索、积极表达自己的发现，通过观看视频，幼儿感受到现代科技给人们带来的便利，初步萌发了发明创造的欲望。

2. 教师给幼儿充足的自我探索学习的空间。

活动中，教师鼓励幼儿合作探究，幼儿能够与同伴一起进行操作、记录、交流。教师注意选择适当的时机介入，借助提问："你们还能想办法让一个物体帮助另一个物体转动起来吗？""比一比哪个风车转得快，转得久？怎么比较更准确？"遵循幼儿在前，教师在后，循循善诱，支持鼓励幼儿积极表达，使幼儿在活动中获得发自内心的自信和满足。教师还借助多媒体让幼儿观看转动的视频，让幼儿直观形象地感知了转动的现象。

3 好玩的弹性物品

设计者：徐丽萍（厦门市同安区西溪幼儿园）
评析者：张小茹（厦门市同安区西溪幼儿园）

活动由来

有一天，在户外活动的时候，孩子们在玩气球，拍着拍着，气球弹到了树丛的枝丫上，卡住了。"气球卡住了，不能玩了。""拍一拍就会弹起来，就掉下来了。""我就是这样拍皮球的。""不会弹起来，我上次纸飞机都没弹起来。""那是因为纸飞机不会弹，气球会！""气球有弹性，会变大，纸张不会。""我们上次跳的皮筋也会弹，会变长。"孩子们由气球卡住的事件发散思维，讨论起有关物品弹性的问题。幼儿的兴趣是活动最好的来源，根据幼儿的兴趣和年龄特点，有关弹性物品的探究活动应运而生，孩子们开始了有关弹性的探索之旅。

活动目标

1. 通过探索发现有些物体具有弹性，了解弹性物品的特点。
2. 能辨别生活中的物品是否有弹性，知道弹性给人们带来的方便。
3. 喜欢玩弹性物品，对弹性现象感兴趣。

活动准备

1. 经验准备：幼儿认识生活中常见的一些弹性物品，有登记记录表的经验。
2. 物质准备：西瓜球、羊角球、皮筋、刺猬、彩虹圈、海绵、气球等弹性材料；信封、橡皮泥、袜子、雪花片、冰棍棒、绳子积木等非弹性材料；记录表、笔、多媒体课件等。

中班科学活动　85

> 活动过程

一、玩一玩，探索弹性物品，了解弹性物品的特点

1. 谈话激趣。

引导语：小朋友们，欢迎来到"妙妙屋"，"妙妙屋"里有一些东西，它们都有一个有趣的秘密，请小朋友们去玩一玩，找一找这个秘密。可以采用压一压、拉一拉、坐一坐或吹一吹的方法，看看它们有什么神奇的变化，和旁边的小朋友说一说。

2. 幼儿自由探索材料。

播放音乐，幼儿进行探索，教师观察指导。

3. 集中交流分享。

引导语：谁来说一说你刚才在"妙妙屋"玩了什么，怎么玩的。

幼1：我玩了那个弹簧，压了压弹簧，把弹簧压下去，一放手它就弹起来了。

梳理小结：压下去的时候弹簧变矮了，变短了，手放开，它又变回了原来的样子。

师：谁还玩了其他玩具？

幼2：我玩了那个皮筋，把它拉起来，皮筋变长了。（见图1）

图1

师：手松开的时候发生了什么变化？

幼2：变短了。

师：是原来那么短吗？

幼2：对。

师：谁还玩了不一样的玩具？

幼3：我玩了球（羊角球），坐下去的时候球变小了（瘪了），屁股离开后，球又变大了，是原来那么大。（见图2）

4.梳理小结：橡皮筋、弹簧、羊角球，我们分别通过拉一拉、压一压、坐一坐的方法玩，它们分别变长、变短、变瘪了，松开后，它们就都会恢复原来的样子，这是因为它们有一项特殊的性质——弹性。

图2

二、探一探，通过猜测、验证，感受弹性物品和非弹性物品的不同

1.猜测物品是否有弹性。

引导语：所有物品都有弹性吗？老师为大家准备了记录表，等一下请小朋友们轻轻到两边桌子上拿一张记录表，先猜猜记录表上的材料哪些有弹性，哪些没有弹性，和旁边的小朋友说一说。

2.幼儿自由猜测。

3.幼儿操作材料，验证物品是否有弹性。

引导语：小朋友们都猜好了吗？等一会儿老师把材料送到每一组的桌上，请你们试一试、玩一玩，看看记录表上的材料有没有弹性，在记录表上记上相应的符号。音乐结束的时候请小朋友收好材料，和好朋友交流一下。

4.师幼共同分享交流。

引导语：谁来介绍一下你的记录表上都有哪些材料，这些材料有没有弹性？小朋友介绍的时候要说完整，什么有弹性，什么没有弹性。

幼1：袜子有弹性，积木没弹性，海绵没弹性，橡皮泥没弹性。

师：海绵有没有弹性呢？我们一起来试一试。我们压一压，它有没有变化？

幼1：有。

师：手松开呢？

幼2：变回原来的样子了。海绵有弹性。

师：还有没有不一样的记录表？

幼3：彩虹圈有弹性，雪花片没弹性，刺球有弹性，冰棒棍没弹性。（见图3）

中班科学活动 87

幼4：皮筋有弹性，绳子没弹性，西瓜球有弹性，信封没弹性。（见图4）

图3　　　　　　　　　　　　　图4

5. 做分类游戏验证。
6. 玩判断对错游戏进行巩固。（见图5）

图5

7. 梳理小结：生活中有的物品有弹性，像丝袜、羊角球，我们用力拉一拉或压一压，它们会变形（形状会发生变化），但是松开手或者不用力，它们就会变回原来的样子，说明这些物品有弹性；有些物品没有弹性，像积木，用力后不会变形，橡皮泥用力后会变形，但是松开手之后不能恢复到原来的样子，说明橡皮泥没有弹性。

三、联系生活，分享在生活中认识的弹性物品，知道弹性给人们带来的方便

1. 谈一谈生活中的弹性物品。

引导语：除了刚才看到的这些物品，你们还知道生活中哪些物品是有弹

性的？

幼1：床垫。

幼2：沙发、皮球。

2. 幼儿分享生活中见过的有弹性的物品。

3. 结合PPT进行梳理。

引导语：刚才小朋友们都说了很多生活中有弹性的物品，今天老师也带了一些图片，图片上都有哪些弹性物品？

幼1：沙发、床垫。

师：它们给我们的生活带来了什么便利？

幼1：很舒服。

师：这两条裤子有什么不一样的地方？哪一条是有弹性的？它有什么好处？

幼2：那个带橡皮筋裤头的有弹性。

幼3：比较舒服，比较方便。

师：接下来我们来看看还有什么？

幼4：弓箭。

师：我们用比较小的力气就可以射箭，弓箭让我们节省了很多的力气。这是什么？（气球）气球可以用来干什么？（挂在墙上做装饰）把气球吹大，挂在墙上，我们的环境变得怎么样？（很漂亮）

4. 梳理小结：生活中有这么多的弹性物品，弹性物品让我们的生活更方便、舒服、省力、有趣、好看，我们幼儿园也有很多弹性玩具，我们一起再去找一找，玩一玩吧！

活动延伸

在区域活动中提供更多弹性、非弹性物品，让幼儿根据已有经验猜测，并通过自己的实际操作进行实验比对，比较自己的猜测和实验结果，获得更多有关弹性的认知经验。

教师思考

在探索弹性物品的过程中，教师首先通过提供不同的弹性玩具，让幼儿在玩中感受弹性物品的特征。对不同弹性物品做活动体验，可以帮助幼儿更好地感受弹性物品的特点，感知弹性的趣味，支持幼儿在活动中玩，在玩中学，在玩中得

中班科学活动

到发展。活动过程中第二个环节重点是引导幼儿通过自己的实际操作、亲身体验、比较、发现弹性物品和非弹性物品的不同之处。通过猜测、操作记录、分享交流、游戏验证等多种手段，让幼儿自己尝试发现弹性和非弹性物品的差别，让幼儿积累有关弹性的经验。这个环节中，对有争议的物品应该让幼儿亲自尝试、观察，给幼儿更多亲身操作、体验的机会。幼儿对于弹性物品的兴趣来源于生活，在活动第三个环节中，幼儿通过说一说、谈一谈生活中的弹性物品以及它们的用处，了解弹性在生活中的妙用。教师可以联系幼儿的一日生活引发幼儿有关弹性的经验，帮助幼儿更好地感知弹性在生活中的各种妙用。

活动评析

1. 活动内容源于生活。

本次活动基于幼儿在一次活动中对气球的弹性问题的讨论而生成，通过幼儿实际动手操作不同的弹性物品，引导幼儿发现弹性物品的特征，让幼儿在实际操作、亲身体验中感知弹性，了解弹性在生活中的用处。

2. 活动过程以幼儿探究、实验为主。

在活动中，教师根据不同环节的探究需要提供材料，首先提供弹性物品（弹簧、皮筋、羊角球等），让幼儿在操作过程中感受弹性物品的特征。在比较弹性与非弹性物品的特征环节中，教师提供了记录表，让幼儿记录自己的操作结果，记录表的设置可以增加猜测记录，幼儿记录自己的猜测，和实验操作的结果进行比较。

3. 活动游戏化。

通过"妙妙屋"趣玩弹性物品、分类游戏、验证游戏，帮助幼儿进行弹性和非弹性物品的经验梳理，让幼儿在玩中学，在玩中成长。教师可以提供不同图片，放慢游戏速度，给幼儿充分的时间观察、思考，根据幼儿对于分组游戏的兴趣度，适当增减游戏次数。

4 有趣的热胀冷缩

设计者：王婷婷（厦门市同安区实验幼儿园）
评析者：周维维（厦门市同安区实验幼儿园）

活动由来

热胀冷缩是生活中常见的现象，每位幼儿在生活中都可能遇见，他们对此十分好奇。这个怎么变成这样了？为什么气球扁了？这些问题引发了幼儿进一步探究的兴趣。科学的教育内容应从身边取材，这样有助于幼儿真正理解科学，热爱科学，从而让幼儿感受到科学并不遥远。为了让幼儿深入地了解热胀冷缩的现象，感知现象背后的科学原理，教师设计了本次活动，在操作中通过气球、滴管两种物体发生的有趣变化，引导幼儿学习用比较观察的方法，直观地感知、理解什么是热胀冷缩，进一步激发幼儿对热胀冷缩现象的观察兴趣和探索欲望，让幼儿知道温度是有"魔法"的，是可以让物体产生热胀冷缩现象的。

活动目标

1. 初步感知生活中的热胀冷缩现象，并对这一现象感兴趣。
2. 尝试用比较观察的方式，比较同一种物体受冷或受热后产生的不同变化。
3. 大胆操作，并能用较完整、清晰的语句表述所看到的现象。

活动准备

1. 经验准备：幼儿已经体验过了"会翻滚的小动物"等有关热胀冷缩的科学活动。
2. 物质准备：气球、透明塑料瓶、容器、滴管、小瓶子、红色和蓝色色素等。

中班科学活动

3. 环境创设：桌子上摆放各种实验操作材料。

> 活动过程

一、听故事《小鸭的乒乓球》，初步感受让乒乓球鼓起来的方法

1. 引导幼儿听故事，回答问题。

引导语：请小朋友们仔细听故事，小鸭在干什么？后来发生什么事了？它是怎么做的？

2. 交流分享：小鸭在干什么？

幼1：小鸭和小猫在玩打乒乓球的游戏，小鸭不小心把一个乒乓球踩瘪了。

师：那他们是怎么做的？

幼2：他们要用打气筒给乒乓球打气，可是乒乓球没有孔，没法打气。

幼3：他们还用扇子扇，可是没有用。

幼4：他们还尝试要把凹进去的乒乓球那一端给拉出来，可是拉不动。

幼5：他们还按、推乒乓球的一端，却发现乒乓球更瘪了。

师：最后是谁帮助了他们？

幼4：大象老师告诉他们可以试试请热水（50度以上）来帮忙。

师：最后他们成功地让乒乓球鼓起来了吗？

幼5：他们将瘪了的乒乓球放入容器中，加入50度以上的热水，经过一段时间，乒乓球就慢慢地鼓起来了。

3. 梳理小结：是的，小鸭他们尝试了很多方法都没能让乒乓球鼓起来，后来在大象老师的帮助下，他们将乒乓球放入容器中，加入50度以上的热水，经过一段时间，乒乓球就慢慢地鼓起来了。大象老师告诉他们：这种变化就是物体的热胀现象。

二、实践操作"会变的气球"：在比较中，进一步感受物体的热胀冷缩现象

引导语：桌上放了盛有冷水和热水的两个小脸盆，请大家将两个气球套在矿泉水瓶口并套紧，然后分别放入盛有冷水和热水的脸盆里，看看气球会有什么变化。操作的时候两个小朋友一组，相互合作。如果不小心将水洒在桌子上，可以拿旁边的小抹布擦一擦。

1. 幼儿操作"会变的气球"。

2. 交流分享：你们在实验的过程中发现了什么？

幼1：气球没发生变化，还是耷拉着。（见图1）

师：气球还是耷拉着小脑袋，那你们有用热水试试吗？

幼2：我们试了热水，气球变大了一点，（见图2）后来，我们又试了冷水，和前面小朋友一样的，气球一下子变小了。

图1 　　　　　　　　　图2

3. 梳理小结：将套在瓶口的气球放入盛有热水的盆里，气球会变大，这种现象叫作"热胀"；将套在瓶口的气球放入盛有冷水的盆里，气球会变小，这种现象称作"冷缩"，所以温度的高低直接影响着物体的变化，这就是温度的"魔法"。

三、比较操作"好玩的滴管"，探索发现液体也有热胀冷缩现象

1. 提供滴管、小瓶子、红色和黄色色素、小容器等，让幼儿自制温度计。

引导语：将一根滴管吸入红色色素，然后插入小瓶子里，另一根滴管吸入黄色素，也插入另一个小瓶子里，分别将两个小瓶子放入盛有热水和冷水的杯子里，请小朋友仔细观察它们有什么变化？（见图3~4）

图3 　　　　　　　　　图4

中班科学活动　93

2. 幼儿操作实验，教师观察指导，引导幼儿发现问题。

3. 交流分享：你们在操作实验的时候发现了什么？

幼1：我发现将插有红色滴管的小瓶子放入热水杯里，红色液体一直往上爬。

师：红色液体爬到哪里呢？

幼1：一直爬到滴管的最上面，然后流下来了。

师：另一个放入冷水里的小瓶子呢？它有什么现象发生？

幼2：黄色滴管没有变化。

幼3：不对，我发现有变化，放入冷水杯的那根滴管里的黄色液体高度慢慢地降下来了。

师：既然大家观察到的结果不一样，那我们一起再来操作一次，大家要仔细观察。

4. 教师操作"好玩的滴管"。

师：大家仔细看一看，装有黄色滴管的小瓶子放入盛有冷水的杯子里，黄色液体有变化吗？

幼：黄色液体慢慢降下来了。

5. 梳理小结：是的，我们将小瓶子放入热水里，会看到液体向上爬，这是因为液体遇热体积会膨胀，所以液体会上升；当放到冷水里，液体体积会缩小，所以液体就下降了，我们用的水银温度计就是利用这个原理做成的。

四、联系生活，探索生活中运用了热胀冷缩原理的物品

1. 教师带幼儿体验热胀冷缩原理在生活中的运用。

引导语：热胀冷缩的原理在我们生活中比较常见，大家一起操作体验一下，看一看我们生活中还有哪些地方用到了热胀冷缩的原理。

活动体验1：这是罐头，我们刚买来的罐头很难打开，因为工厂生产时需要在高温条件下密封罐体，冷却后气体收缩，产生内外压强差，盖子就不容易打开。我们要打开盖子的时候，可以准备一个容器，放入适量开水，将瓶盖放入热水中，等待一会儿，瓶盖就能轻松拧开了。

活动体验2：煮熟的鸡蛋放入冷水浸泡一下，蛋壳就很容易剥开，这是因为蛋壳和蛋白遇冷收缩程度不一样的结果。

2. 教师提供图片，让幼儿观察图片，感受生活中热胀冷缩原理的运用。

图片1：这是自行车，自行车轮胎在夏天不能充太多的气，要不然很容易因

热胀爆胎。

图片2：这是一条水泥公路，水泥公路每隔一段路要断开，就是给水泥热胀冷缩提供空间。

图片3：这是高压电线，高压电线夏天会下垂，冬天会绷得紧。

活动延伸

在区域活动中继续提供各种操作材料，让幼儿在活动后能继续感受热胀冷缩的原理。

教师思考

1. 有趣的故事导入能激发幼儿活动的兴趣。

在活动过程的第一个环节，教师以故事导入引起幼儿兴趣，激发幼儿探索的欲望，故事中一个好玩的科学小实验"如何让被踩扁的乒乓球鼓起来"激发了幼儿想说、愿意说的兴趣，为后续的探究做了铺垫。

2. 为幼儿提供了丰富的操作材料，引导幼儿大胆想象、自主操作。

在第二个环节，教师通过实践操作"会变的气球"，为幼儿提供充分操作、观察、比较的时间，以及充分表达表现的机会，并加以适时的启发引导、经验梳理，让幼儿在认真观察的基础上发现同一物体放在不同温度的水里发生的变化，初步了解热胀冷缩现象。第三个环节是通过让幼儿比较操作"好玩的滴管"，发现液体也有热胀冷缩现象。这个环节主要是通过提供装有不同颜色色素的滴管，引导幼儿通过猜想、实验、观察、比较，发现液体会遇热膨胀，遇冷收缩。

3. 宽松的探究环境能引发幼儿自主学习。

在活动过程的最后一个环节，教师让幼儿感知生活中热胀冷缩原理的运用，通过体验活动，能引发幼儿自主学习。从幼儿的现场表现来看，幼儿热衷于实践、探究的过程，表现出了浓厚的兴趣，心情愉悦。

本次活动为幼儿提供了丰富的材料，引导幼儿大胆想象、自主操作，充分体现了幼儿在前、教师梳理在后的教育方式，幼儿的动手能力、学习能力得到了提高，也调动了幼儿活动的积极性。但还存在不足：如在活动过程的第三个环节"好玩的滴管"中，操作材料比较单一，教师可以多思考还能提供什么操作材料，让幼儿进一步操作，加深印象，巩固理解热胀冷缩的原理。

活动评析

这个科学活动涉及热胀冷缩现象，虽然这是我们生活中常见的现象，但是幼儿一直不会用一个合适的词语来说明这个现象。为了让他们进一步感知物体受热、受冷后产生的现象就是热胀冷缩，王老师设计了此活动，让幼儿通过实验、操作、比较等方法探究同一物体受冷热后产生的变化。

1. 重难点解决，层层递进。

活动中，教师设计了三个层层递进的环节（发现—尝试—操作），让幼儿逐步感受物体热胀冷缩的现象。教师还通过比较操作液体也会因温度高低引起变化，巧妙推进，既有学习的广度（从气体到液体），又有了学习的深度（从感受到各种体验习得）。

2. 过程有趣，富有挑战性。

活动定位在"有趣"上，那就一定会围绕"趣"设计后面的活动环节。如实践操作"会变的气球"，比较操作"好玩的滴管"等活动符合幼儿的兴趣需要，让幼儿跃跃欲试，所以他们乐于参与、积极操作。多次的操作及沉浸式的操作体验让他们对于这种比较抽象的科学原理有了更直观的感知与理解。教师设计的操作活动都具有挑战性。

3. 创设条件，让幼儿感知与操作。

幼儿园的科学探究活动核心不是传授科学概念，而是创设条件让幼儿有机会去感知、体验和实践操作，让幼儿在动手操作的活动中萌发探究的兴趣，提高探究的能力，丰富知识经验。就像这个"有趣的热胀冷缩"科学活动，每个环节都是让幼儿自己动手操作，在做中感知，在做中体验，在做中了解。尽管幼儿有时得出的实验结果不准确，如在"好玩的滴管"这个环节，他们的实验结论不一样，教师也不急于给答案，而是让他们再一次一起观察、实验操作，探究寻找正确的答案。

5 不湿的纸巾

设计者：周维维（厦门市同安区实验幼儿园）
评析者：陈　鹭（厦门市同安区实验幼儿园）

活动由来

幼儿的科学学习应注重引导幼儿通过直接感知、亲身体验和实际操作进行。因此，幼儿的科学学习内容要从贴近幼儿身边的事物进行选材。中班幼儿乐于动手操作，具有初步使用记录表进行记录的经验，因此，教师抓住了幼儿爱玩水的特性，以他们身边比较常见的纸巾作为导入和探索的主要对象，将幼儿不容易发现的空气压力变成可以感知的内容。教师巧妙借助纸巾、杯子、水等材料做学习的支架，化"无形"为"有形"，让幼儿在操作中直观地感受空气压力的存在。

活动目标

1. 探索让纸杯中的纸巾在水里不湿的方法，感知空气存在并占据着空间。
2. 尝试用其他材料替换主材料进行试验，并发现不同的结果。
3. 能大胆地表述自己探索的过程和结果。

活动准备

1. 经验准备：知道在一般情况下，纸巾、棉布接触水以后会被打湿。
2. 物质准备：塑料杯、纸巾、乒乓球、水、水盆。（见图1）

图1

中班科学活动　97

活动过程

一、出示材料，引发兴趣

1. 教师出示纸巾、装水的水盆，以个别幼儿的演示操作引起集体探究的兴趣。

引导语：（教师手拿一张纸巾）这是什么？你们什么时候用到它？

幼1：这是一张纸巾呀！上厕所、擦汗要用纸巾。

幼2：擦手、擦嘴巴得用纸巾，水打翻了也可以用纸巾擦干。

2. 动手操作，实验验证：纸巾遇到水会怎么样？

3. 梳理小结：纸巾具有吸水性，所以遇水会变湿。生活中纸巾大多用来擦拭、清洁，纸巾是吸水的小能手。

二、引发问题，提出挑战

1. 展示实验材料，提出问题。

引导语：今天，小纸巾告诉我们，它有一个神奇的本领，放到水里去却不会湿，你觉得它能做到吗？

2. 提出实验挑战：让纸巾不湿的方法。

引导语：你们觉得用什么方法能让纸巾放到水里后不湿呢？请小朋友们大胆地想一想，说一说。

幼1：我可以把纸巾放在杯子里，然后把杯子放入水里，只要水不超过杯子，杯子里的纸巾就不会湿。

幼2：不行啊，盆子里的水那么多，杯子太小，一压杯子，水就跑进杯子里了。纸巾肯定就湿了呀！我们去试一试。

三、操作实验，探索方法

1. 鼓励幼儿查看、理解记录表的意思，引导幼儿发现记录表上的两种实验方法，并进行猜想。

引导语：将干纸巾放在杯子底部并压紧，倒置后以倾斜、垂直两种方式放入水中，猜猜纸巾会湿吗？把猜想结果记录在记录表的猜想栏中。

操作方式	猜　想	结　果
杯子倾斜放时纸巾的变化		
杯子垂直放时纸巾的变化		

师：观察一下这张记录表，上下两栏有什么不一样？

幼1：拿杯子的动作不一样。

师：这张记录表让我们记录些什么？请大家仔细观察并想一想。

幼2：他们都是把杯子倒着放到水里。第一张图的杯子不是垂直着放，而是斜斜地放进去的。第二张图的杯子是垂直地扣下去，纸巾在杯子里不会掉下来。

师：是的，为了方便大家操作，得出有效的实验结果，记录表里提供了两种实验方法，我们一起来看一下：先把纸巾塞入杯子压紧，然后倒扣杯子。第一种方法，是斜斜地把杯子放入水里；第二种方法，是垂直地把杯子放入水中。

2.验证操作，并及时把结果记录在结果栏中。

（1）把一张干纸巾放在杯子底部并压紧，将杯子倒置并倾斜地放到装有水的水盆中，观察纸巾是否变湿。（见图2）

幼1：斜斜地放进去，杯子里漏水进去了，纸巾就湿了。

幼2：不行不行，斜斜地放，杯子这边就产生了一个洞，水就跑进去，所以里面的纸巾被跑进去的水给浸湿了。

（2）把一张干纸巾放在杯子底部并压紧，把杯子倒置并垂直地放到装有水的水盆中，观察纸巾是否变湿。（见图3~4）

图2

中班科学活动

图3　　　　　　　　　　　　图4

幼3：直直地放进去，杯子里的纸巾没有掉下来。因为杯子压下去的时候，水都跑开了，所以纸巾没有湿。

幼4：杯子有力气，把水都推开了，所以水都被杯子压到旁边去。

3.梳理小结：杯子内有空气，当杯子倒立并倾斜地放进水中时，水会进入杯子，纸巾会变湿；当杯子倒立并垂直地放入水中时，空气会阻隔水进入杯子，空气把水排开了，所以纸巾不会被水浸湿。

四、更换材料，观察结果

1.集体观察：先出示一个乒乓球，放入水中，观察乒乓球的情况。（见图5）

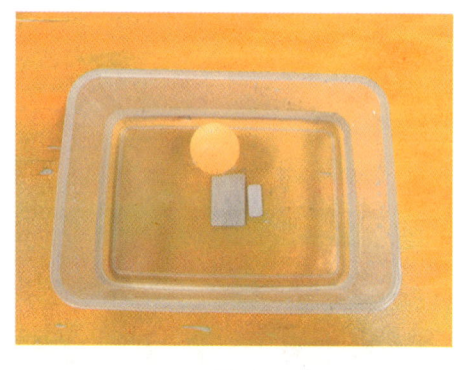

图5　　　　　　　　　　　　图6

幼：乒乓球很轻，它浮在水面上。

2.小组操作：引导幼儿两两合作，大胆运用所提供的材料，并自主设计记录表记录自己的猜想和结果。

每组提供乒乓球一个、水盆一个、杯子一个。

（1）重新拿一个新的乒乓球放入水中，将塑料杯倒置并垂直扣在乒乓球上，观察乒乓球有什么变化。（见图6）

(2)轻轻拿起塑料杯,当球和杯子都未离开水面时,即杯子中会进水,这时再观察乒乓球有什么变化。

3. 鼓励幼儿同样将猜想与实验结果进行比较。

幼1:乒乓球和纸巾的实验结果是一样的。

幼2:把杯子垂直放进去,杯子里水进不去,乒乓球不会湿掉;而如果把杯子倾斜放进去,水就进去了,乒乓球就湿了。

4. 和幼儿一起梳理实验中的发现。

5. 梳理小结:当我们快速把杯子垂直倒扣到水里时,杯子里占据的空气是有"力气"的,空气压力就会把水推出去,所以杯子里的乒乓球就不会湿;当杯子倾斜放进水中时,水会进入杯子,乒乓球就浮起来了。

五、联系生活,感知运用

教师播放"科普小博士"的讲解视频,让幼儿了解饮水机、喷泉、吸盘马桶疏通器、中医拔罐等都是利用了空气压力,引发幼儿进一步探究的兴趣。

活动延伸

继续寻找其他材料替代乒乓球,用杯子垂直倒扣、倾斜放入的方式,观察杯子里的东西会不会湿。

教师思考

活动过程的开始环节,教师采用了经验回忆和动手操作两个策略,从而让幼儿直观地感受到纸巾的特性。这一环节的设计调动了幼儿的已有经验,为后面环节的顺利开展做好了铺垫和准备。

操作环节中,教师设计了把杯子倾斜或垂直放入水中的两种操作方式,考虑到中班幼儿的科学探究意识才刚开始萌芽,因此通过记录表预设的图片暗示幼儿操作方法,幼儿更容易理解和操作。在实验的初始阶段,教师为幼儿提供记录表,幼儿可以直观、形象地记录自己实验的猜想和实验结果,获得的体验会更加深刻。此外,幼儿还可以通过记录表对自己的猜测和实验结果进行比较,更好地满足其学习的欲望。

> 活动评析

1. 活动内容生活化，容易引起幼儿兴趣。

该科学现象虽然在生活中不常见，但它是一个实验效果好、结论明朗、可操作性强的对比性实验，容易引发幼儿的思考与学习兴趣。纸巾在生活中随处可见，但它的普通也导致了幼儿鲜少去关注纸巾的特性。选择这个活动内容可以让幼儿学会在生活中关注日常的科学现象，创造条件让幼儿在充分的探究活动中感知、体验、探究、发现。

2. 活动目标明确，环节设置彰显层次。

围绕活动目标，教师循序渐进地推动活动环节，步步递进，层次清晰。

（1）通过有效的语言推动和预设问题情境来帮助幼儿聚焦问题，鼓励幼儿主动地表达自己对核心问题的看法。

（2）教师提供有效的操作材料，让幼儿更好地验证猜想。例如教师提供记录表，幼儿可以直观、形象地记录自己实验的猜想和实验过程，获得的体验会更加深刻。

3. 问题聚焦，指向性明确。

教师提出关键性、引导性的问题，引发幼儿深入地思考与观察。中班幼儿的科学探究意识才刚开始萌芽，因此让幼儿操作、实验的内容和记录表都需要有一定的指向性，过于开放，幼儿就会不懂如何下手。该活动中，教师设计了把杯子倒扣后倾斜或垂直放入水中的两种操作方式，通过记录表的图片暗示幼儿操作的方法，画面直观，幼儿易上手，更符合中班幼儿的学习特点。

4. 积极回应鼓励，构建有效的师幼互动。

教师是有效的支持者、合作者、引导者，及时地关注到幼儿在活动中的表现和反应，敏感地察觉幼儿的需要，及时以适当的方式给予幼儿启迪或回应。例如在活动过程第三个环节的开始，教师提出"观察一下这张记录表，上下两栏有什么不一样""这张记录表让我们记录些什么？请大家仔细观察并想一想"。问题承上启下，引发幼儿下一步的思考，形成合作、探究式的师生互动。

本活动为幼儿提供尽可能多的探索、尝试的机会，使每个幼儿都能积极地参与活动，感受实验的乐趣，获得相关的经验。

6 魔幻书镜

设计者：李晓娜（厦门市同安区兴国幼儿园）
评析者：洪秀清（厦门市同安区兴国幼儿园）

活动由来

科学区里投放的镜子吸引了幼儿的注意，在玩镜子时幼儿看到两面镜子摆放位置不同时，每次成像都不相同，他们会用"好多"等这些概括性的词语进行描述。在反复摆弄中两面镜子的成像现象吸引了幼儿的兴趣，他们从关注成像图案到关注成像数量、两面镜子夹角等。《指南》指出，中班幼儿要能对事物或现象进行观察比较，发现其相同与不同。因此教师基于幼儿的兴趣设计了本次活动，旨在支持幼儿通过一次次地玩镜子，感知两面镜子在合适的角度下，物品经过多次反射而反复成像的有趣现象，萌发初步探究成像数量与两面镜子夹角大小的关系的兴趣；支持幼儿通过实践、观察、讨论等方法学习发现问题、分析问题、解决问题，发展初步的探究能力。

活动目标

1. 感知两面镜子在合适角度下，物品经过多次反射而反复成像的有趣现象。
2. 能大胆猜测，比较实验结果，并用简单符号记录成像数量与两面镜子夹角大小的关系。
3. 对生活中平面镜成像产生进一步探究的兴趣。

活动准备

1. 经验准备：幼儿在生活中有照镜子的经历，对镜子中呈现的物像有一定的认识。

2.物质准备：镜子人手2面、小熊玩具人手一个、记录表人手一份、操作卡、笔等。（见图1）

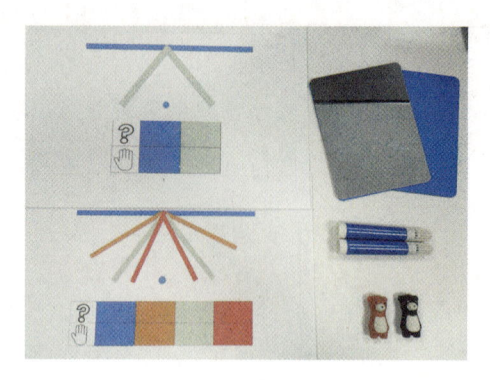

图1

活动过程

一、出示平面镜子，引导幼儿初步感知平面镜成像

1.玩"小熊照镜子"，体验平面镜成像。

引导语：小朋友们，镜子在生活中帮了我们很大的忙，今天班级来了一位小客人，它就是小熊，小熊也想玩一玩我们的镜子，瞧瞧镜子有什么神奇的本领。

师：谁来跟大家分享一下你的发现呢？

幼1：镜子里面有一只一模一样的小熊。

幼2：我在镜子里看到了小熊，也能看到我自己。

幼3：我看到小熊的背面了。

2.梳理小结：用平面镜照小熊，镜子里面会出现一只大小一样的小熊。

二、初次操作，引导幼儿进一步感知物品反复成像的现象

1.集中猜想并记录：如果组合镜子放在蓝色线上，小熊放在圆点上，在镜子里会找到几只小熊？如果组合镜子放在绿色线上，会找到几只小熊？（见图2）

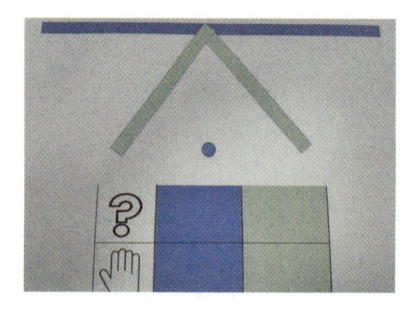

图2

2.介绍操作材料和要求：刚刚记录的数字是你们的猜想，到底有几只呢？请小朋友们动手试一试。

3.幼儿操作材料，教师巡回指导。

4.幼儿分享操作结果，交流讨论结果。

引导语：可以先跟旁边的小伙伴分享你的发现。

师：看看你们的记录表，你们找到了几只小熊，有什么发现呢？

幼1（边演示边答）：我把两面镜子放在蓝色的线上，在镜子里找到了一只小熊。

幼2（边演示边答）：我也是把镜子放在蓝色的线上，我在镜子里发现了一只小熊。

师：有哪位小朋友把镜子放在绿色的线做实验呢？

幼3：我把这两面镜子分别放在绿色的线上，然后把小熊放在圆点上。

师：你在镜子里找到几只小熊呢？

幼3：找到了4只。

幼4：我也找到了4只。

师：你们有什么发现吗？

幼5：镜子放在蓝色线上，只能在镜子里找到一只小熊，放在绿色线上找到的小熊更多。

幼6：把镜子放在绿色和蓝色的线上，找到的小熊数量是不一样的。

5.梳理小结：刚刚小朋友们发现组合镜摆在不同颜色的线上，小熊在镜子中的像数量是不一样的。（见图3~4）

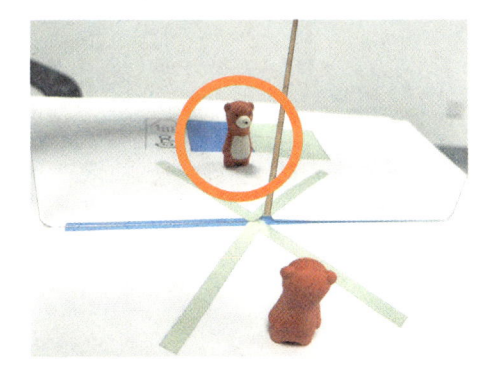

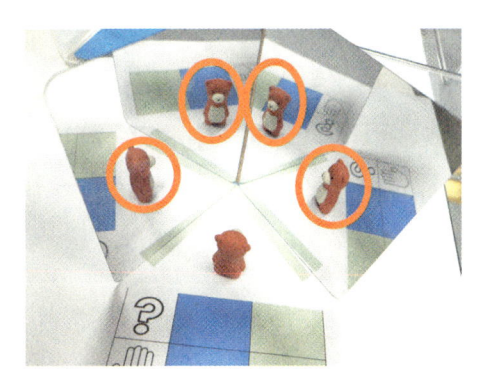

图3　　　　　　　　　　图4

中班科学活动　105

三、再次操作，引导幼儿发现成像数量与镜子夹角大小的关系

1.引导幼儿再次操作。

引导语：真的是这样的吗？操作卡上还有不同颜色的线，你们想不想再去试试看？

2.介绍操作材料和要求：桌上有组合镜、操作记录卡和马克笔，请小朋友们再画两条颜色不同的线，（见图5）猜一猜并记录在对应颜色的格子上，再动手试试，找找镜子中有几只小熊，并记录在对应的格子里。

3.幼儿自主探究并记录，教师巡回观察并给予指导。

图5

4.操作后分享交流。

引导语：从记录表我们可以看出，有的小朋友的猜想和操作结果的记录是一样的，有的小朋友是不一样的，谁来分享一下你的发现？

幼1：我这次试了橙色的这条线。我的猜想是可以找到4只小熊，结果只找到了2只小熊。

师：为什么会这样？请你演示一下刚刚是怎么操作的。

幼1展示。

幼2：对，我也用橙色线，找到2只小熊，跟我猜的结果一样多。（见图6）

幼3：可我找到了4只。

师：请你演示一下刚刚是怎么操作的。

幼3展示。

幼3：把两面镜子摆在橙色的线上，像这样子。

师：你们有没有发现什么问题呢？

幼4：我发现他的镜子没有对齐线。

幼3再次展示。

幼3：哇！原来在镜子里真的只能找到2只小熊。

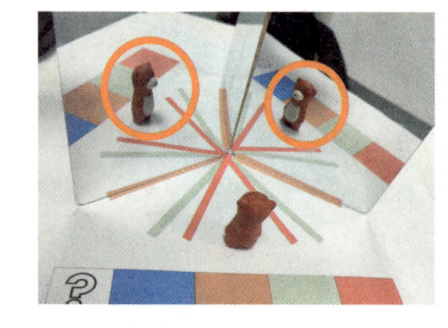

图6

师：谁还试了另一种颜色的线呢？猜想和结果一样吗？

幼5：我试了红色的线，在镜子里找到了6只小熊，和我猜的一样多。（见图7）

幼6：我也是，我发现两面镜子越靠近，找到小熊的数量越多。

图7 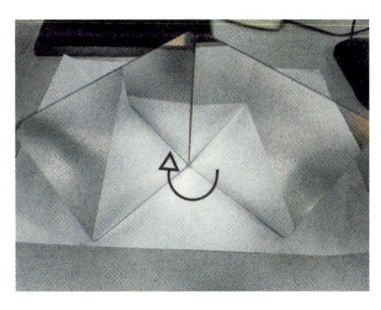　　　　　　　　　　　图8

5. 梳理小结：两面镜子摆放在一起形成一个夹角，（见图8）夹角就像一张可以变大变小的嘴巴，嘴巴大小不一样，出现在镜子里的小熊数量也不一样，嘴巴越小，镜子里的小熊数量越多。

活动延伸

区域活动：投放多面镜子、不同的卡片和记录单，（见图9~11）让幼儿用不同数量的镜子以及变换镜子角度，进一步探究镜子成像的变化，迁移和拓展活动中获得的经验。

图9 　　　　　　　　　　　图10

图11

中班科学活动

教师思考

科学活动重在让幼儿亲身操作、探索。初次操作环节的重点是引导幼儿在操作中发现小熊位置不变，组合镜放在不同颜色线上，镜子里会出现数量不同的小熊的像。教师适时的启发、梳理经验，让幼儿自己尝试发现两面镜子成像的秘密。再次操作环节主要是通过提供更多不同颜色（夹角不同）的线，引导幼儿通过猜想、操作、观察、比较发现镜子夹角的大小不同，在镜面中找到的小熊数量也不相同。将小熊的位置固定，有利于幼儿得出正确的结论。

活动评析

1. 活动来源于幼儿在区域活动中对两面镜子的探究需求。

教师敏锐捕捉幼儿的兴趣点，设计了本次活动，旨在帮助幼儿获得"两面镜子在合适角度下，物品经过多次反射而反复成像的有趣现象"的经验，尝试大胆猜测、比较实验结果，并用简单符号记录成像数量与两面镜子夹角大小的关系，这有利于幼儿形成初步的科学探究能力。

2. 操作材料严谨。

本次活动的记录表设计巧妙，既能帮助幼儿操作，也便于记录，记录表上，幼儿猜测和结果的对比一目了然，实验中的定量和变量控制很科学、合理，让幼儿清楚地知道镜子可以如何摆放，操作有效，实验结果明朗。

3. 师幼互动和谐融洽，教师全程支持幼儿的有效探究。

活动伊始，教师即创设"小熊照镜子"生活化的轻松情境，便于幼儿大胆探究。教师给予幼儿充足的时间去猜想、操作、观察、比较，鼓励幼儿大胆地表达、表现、表征，分享自己的发现，全程支持幼儿的探究，实现玩中学。

4. 活动过程循序渐进、环环相扣。

幼儿学习科学的过程，实际上就是科学探究的过程——观察现象、提出问题、做出假设、检验假设、形成结论等。本次活动过程中前两个环节幼儿在观察现象的基础上萌发新问题，接着教师展示记录表以及实验方法，有助于幼儿进行大胆猜测，明晰操作方法。第三个环节中，幼儿逐步检验猜想，寻找结论。每个步骤之间密切联系，始终围绕目标展开，从而最终达到活动目标。

7 多变斜坡跑道

设计者：纪毓菲（厦门市同安区洗墨池幼儿园）
评析者：陈珊珊（厦门市同安区洗墨池幼儿园）

活动由来

幼儿特别喜欢用手推、转等方式让玩具小车在桌面或者地板上跑，但是玩法单一，都是用外力让玩具小车跑起来，推着推着就累了，玩具小车就闲置了。恰逢一次建构活动，幼儿用木板做了一个斜坡当作滑梯，乐此不疲地摆弄着，玩具小车和斜坡正好组合起来给幼儿提供了一次探索契机。

活动目标

1. 初步感知小车下滑速度与斜坡高度及坡面光滑度的关系。
2. 尝试将探究斜坡的科学经验和生活相联系。
3. 能够动手动脑解决问题，体验操作科学活动的乐趣。

活动准备

1. 经验准备：幼儿有玩过玩具小车，已经用科学活动材料制成三种斜坡跑道。
2. 物质准备：玩具小车若干、三种跑道纸材料（瓦楞纸、砂纸、光滑卡纸）、木质积木、粗糙毛巾、记录表、闯关图标、生活中的斜坡图片等。
3. 环境创设：预留出一块小空地，设计图标和挑战机关。

中班科学活动　109

> 活动过程

一、情境导入，激发幼儿思考小车自行跑动的方法

1. 教师从"百变魔法袋"变出小车玩具，提出问题，鼓励幼儿思考。

引导语：这辆小车有个任务，它需要运送物资到达目的地，你们有什么办法让它自己跑起来，尽快到达目的地吗？

2. 幼儿交流讨论。

幼1：桌子抬高一点，小车就会滑下去。

幼2：给它做个跑道吧，像商场里的赛车道一样。

二、分组操作，发现斜坡跑道光滑度对小车行进速度的影响

1. 介绍材料，幼儿猜测并记录。

引导语：在此之前，小朋友们做过三个斜坡跑道，分别用瓦楞纸、砂纸、光滑卡纸做成的，（见图1）现在正好可以让我们试一试，玩一玩。请小朋友们看一看，摸一摸，猜一猜，小车在哪种跑道上跑得最快？

多变斜坡跑道记录表

跑道	猜想❓	结果✋

图1

幼1（并做猜测记录）：我觉得卡纸表面滑滑的，车子在上面肯定跑得最快。

幼2（并做猜测记录）：我觉得瓦楞纸像搓衣板一样，车子跑起来会被卡住，跑不快。

2. 分组操作，幼儿做实验并记录。

3. 交流分享：小车能不能跑得动？哪种跑道上的小车跑得最快？

幼1（出示记录表）：我们组发现在光滑卡纸上的小车跑最快；瓦楞纸跑道上的小车跑最慢。

幼2：我们发现卡纸跑道上小车跑得最快，但是砂纸跑道上的小车最慢。

师：相同的实验，却出现了不同的实验结果，这到底是为什么呢？我们一起

来找找原因吧!

三位幼儿进行实验。

师:看了他们的操作,你们觉得有什么问题吗?

幼3:不行,他们没有同时放开小车,这样结果不公平。

师:看来比赛的时候,不仅小车要一样,跑道要一样高,而且需要同时放手。

三位幼儿重新做实验。

4.梳理小结(结合记录表):小车在跑道上可以自己跑起来。三条跑道对小车的摩擦力是不一样的,砂纸跑道摩擦力最大,小车跑得最慢;光滑的卡纸跑道摩擦力最小,小车跑得最快。所以选择光滑的跑道,可以让小车更快完成运送任务。

三、实验探究,感受斜坡坡度大小对小车行进速度的影响

1.创设情境,继续探索。

引导语:小车现在遇到紧急情况,需要再次加快运送物资的速度,怎样改造这个光滑的斜坡跑道,让小车能够更快前进呢?材料筐里有毛巾、积木、纸板等辅助材料,小朋友们可以按需使用。

2.幼儿自选材料,尝试搭建。

3.集中交流讨论。

幼1(边演示边答):我用两块长方形的积木先叠在一起,再把跑道放上去,车子"嗖一下"就跑了。(见图2)

幼2(边演示边答):我用了五块积木,像拱门一样高,车子也可以跑得很快。(见图3)

图2

图3

师:让小车在这两种斜坡跑道上跑一跑,比一比,看看你能发现什么秘密?

幼3：有五块积木的跑道上小车跑得快，因为积木比较高，跑道比较斜。

4. 梳理小结：斜坡跑道积木搭得越高，跑道的坡度越大，小车下行的速度就越快；相反，积木搭得越低，跑道的坡度越小，小车下行的速度就越慢。但坡度过大，小车容易翻车。

四、设计跑道，巩固坡面和坡度能改变小车行进速度的经验

1. 再设情境，挑战难关。

引导语：小朋友们刚才都成功运送物资了，现在还有一个难关，你们想不想继续挑战？

幼儿来到各个场景，选择材料进行跑道设计。

2. 幼儿集体思考、讨论、尝试。

来到场景一：这是竞技场高速坡，（见图4）可以怎么搭建跑道？要注意哪些安全事项？

幼1：选光滑的跑道，而且坡度要大一些。

幼2：也不能搭太陡的坡，不然会翻车。

幼儿布置跑道。（见图5）

图4　　　　　　　　　　　图5

来到场景二：坡下不远处是人行横道，（见图6）我们的斜坡跑道可以怎么搭建？要注意哪些安全事项？

幼3：要搭平一点的坡，还可以用毛巾或者瓦楞纸、砂纸增加跑道摩擦力。

幼4：爸爸说，在这种斜坡上还要慢慢刹车，控制车速。

幼儿布置跑道。（见图7）

图6  图7

3. 幼儿相互评价实验过程，分享新的发现。

五、出示生活中的斜坡图片，了解斜坡在生活中的运用（见图 8~11）

图8  图9

图10  图11

中班科学活动　113

每一段斜坡都不是随随便便出现在我们身边的，大多是为生活便利的需要而设计的，每一个设计还要考虑安全因素，这是人们生活的智慧体现。

活动延伸

1. 区域活动：将材料投放在科学区，鼓励幼儿继续探索斜坡的秘密。

2. 家园合作：家长鼓励并帮助幼儿将有关斜坡的知识运用到实际生活中，让幼儿采用说一说、画一画的形式表达自己想用斜坡的知识解决生活中的哪些问题。

教师思考

本次以幼儿喜欢的小车玩具需要帮助的情境导入，能使幼儿的注意力迅速集中，展开思考。《指南》指出，中班幼儿要能对事物或现象进行观察比较，发现其相同与不同。教师在活动中要调动幼儿多感官的参与，结合观察、猜测、操作、记录的方式，通过多次实验得出结果。教师要鼓励幼儿积极表达，并加以适时的启发引导、经验梳理。创设情景，不仅是对前期经验的巩固和提升，而且将实验现象与生活经验相联系，让课程回归生活。

活动评析

1. 情境引领，激发幼儿科学兴趣。

《指南》指出：幼儿科学学习的核心是激发探究兴趣，体验探究过程，发展初步的探究能力。本次活动以小车送货闯关的情景贯穿，环环相扣，关关衔接，通过幼儿的猜想，验证，发现斜坡跑道的秘密，培养幼儿严谨的科学态度。活动充分调动幼儿的积极性，提高了他们的学习兴趣。教师"引"得轻松自然，幼儿"学"得主动积极。教师将《指南》精神和先进的教学理念渗透于教学环节中，呈现了一场精彩的教学活动。

2. 基于幼儿，培养幼儿科学素养。

在游戏过程中，教师最大限度地支持和满足幼儿通过直接感知、实际操作、亲身体验获取经验。幼儿在游戏中了解了有关斜坡的科学现象，丰富了科学知识，提高了自主解决问题、与同伴合作、大胆创新探究等能力。

8. 会跑的颜色

设计者：陈心颖（厦门市同安区洗墨池幼儿园）
评析者：陈珊珊（厦门市同安区洗墨池幼儿园）

活动由来

在区域活动中，中四班幼儿用皱纹纸制作了一朵小黄花，却不小心用湿的手触摸了小黄花，他发现手上竟也有一些黄色的水。幼儿对这一现象十分好奇，提出想要探究"会跑的颜色"的愿望。

活动目标

1. 对纸褪色的现象感兴趣，愿意和同伴分享自己的发现。
2. 探索、比较褪色快慢的正确方法。
3. 初步了解材料的材质、大小、数量、水温、水色会影响褪色效果。

活动准备

1. 经验准备：幼儿已经体验过科学小实验"染色游戏"。
2. 物质准备：黄色皱纹纸、黄色复印纸、黄色卡纸、黄色瓦楞纸、蓝色皱纹纸、其他各色大小不一的皱纹纸、一次性塑料杯若干、清水、温水、抹布、记录表、笔、（见图1）区角游戏视频、"生活链接——会跑的颜色"视频等。

图1

中班科学活动

> 活动过程

一、视频导入，激发兴趣

1. 播放幼儿在区角游戏中发现褪色现象的视频。

2. 分享交流：你从视频里看到了什么？你知道这是什么现象吗？

幼1：我发现手上的水变成和皱纹纸一样的颜色了。

幼2：颜色跑到了水里、手上。

3. 梳理小结：像这种材料上面的颜色跑到手上、水里，并且材料的颜色变淡的现象叫做褪色现象。

二、观察、比较多种纸，感知褪色效果与材质的关系

1. 幼儿自由选择各种材质的纸，探索哪一种材质的纸上的颜色会跑到水里。

引导语：刚刚我们知道了皱纹纸的褪色现象，那其他的纸也有这种神奇的魔法吗？也能让颜色跑到水里吗？请大家轻轻起立，去寻找几种纸，放到水里试一试吧！

2. 分享交流：颜色跑到水里了吗？你是怎么做的？

幼1：我试了黄色皱纹纸，整杯水都变成黄色了。我还试了折纸用的彩纸，上面的颜色不会跑到水里，它在水里变软软的。（见图2）

幼2：我把卡纸和瓦楞纸都放进一杯水里，水都没有变色，（见图3）我又把黄色皱纹纸放进去，水一下子就变成黄色的了。

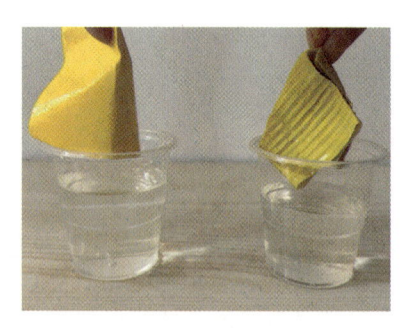

图2　　　　　　　　图3

3. 梳理小结：颜色会不会跑跟纸的材质有关系，皱纹纸这种材质上的颜色会跑到水里。

三、冷热水比较，了解褪色效果与水温的关系

1.提供一杯温水、一杯冷水和几张黄色皱纹纸，幼儿试着玩一玩、比一比。

引导语：桌上的每份材料里都有一些黄色皱纹纸和两杯水，一杯温水、一杯冷水，现在请大家轻轻起立，找一份材料玩一玩，看一看怎样才能准确比较出在哪一杯水里颜色跑得快。

2.分享交流：在哪一杯水里颜色跑得快？你是怎么比较的？

幼1：我是把皱纹纸放进水里来比较的，在温水里跑得快。（见图4）

图4

师：你是怎么把皱纹纸放进水里的呢？

幼1（边演示边答）：直接把皱纹纸放进水里，先放这杯，再放那杯。

幼2：不能先放这杯，再放那杯，后面放的那杯会很吃亏，很容易输掉比赛。

幼3：应该要同时放进杯子里，我两只手拿着皱纹纸，在心里念1、2、3，同时放手把纸放进两个杯子里。

师：看来比赛的时候，应该把皱纹纸同时放进水里。

幼4：我还用上了搅拌棒，也是发现在温水里颜色跑得快。

师：你是怎么操作的呢？

幼4：同时放进皱纹纸，先搅拌温水，再搅拌冷水。

幼5：这样比赛又不公平了，要同时搅拌，或者都不要搅拌。

3.梳理小结（结合图示）：颜色跑得快不快跟水的温度有关系，水的温度越高，颜色跑得越快。我们在比较颜色跑到水里的快慢时，要注意同时把纸放入水中，还要控制好搅拌棒的使用，才能比较准确地得出结论。

四、探究褪色效果与纸大小、数量等的关系

1.结合实物，引导幼儿观察更换后的皱纹纸有哪些不同的地方。

中班科学活动 **117**

引导语：老师更换了一些新的皱纹纸，请大家看看它们有哪些不同的地方？

幼1：颜色不同。

幼2：大小不一样。

幼3：有的皱纹纸是捆在一起的，有的皱纹纸是一张一张的。

梳理小结：这些皱纹纸的颜色不同，大小不同，每一份纸张数量也不同。（见图5）

图5

2.出示记录表，猜想这些皱纹纸分别放入一杯水里，会发生什么变化。

引导语：这些颜色不同的皱纹纸放进同样的水里，会有什么不一样呢？大的皱纹纸和小的皱纹纸放进同样的水里，会有什么不一样呢？一样大的皱纹纸，放进同样的水里，放入数量多与少又会有什么不一样呢？请你们猜一猜。

幼1：我觉得放进大皱纹纸的水颜色会变得更深一点。

幼2：我不同意，我觉得都是一样的颜色，不会更深了。

幼3：我认为皱纹纸多的那一杯水颜色会更深。

教师引导幼儿将猜想记录在记录表的猜想栏里。

3.幼儿和同伴自由选择颜色、大小、数量不一的皱纹纸，并观察不同皱纹纸在水中褪色的效果，将发现记录在操作栏。教师引导幼儿用正确的比较方法操作。

引导语：现在请小朋友们去和这些皱纹纸玩一玩，仔细观察放入皱纹纸后，两杯水发生了什么变化？然后把实验结果记录在记录表上，看看和你的猜想是否一样。

不同皱纹纸	猜　想 ?	结　果	

4.结合记录表分享交流：实验结果和你的猜想一样吗？你还有什么发现？

幼1：我玩的是大皱纹纸和小皱纹纸的实验，我猜想大皱纹纸的颜色更深，结果也是这样的。

幼2：我是把蓝色皱纹纸放进水里，结果颜色跑到水里，水也变蓝了。

幼3：对，我和他一起做实验的，我们又把蓝水和刚刚的黄水倒在一起，就变成了绿色水。（见图6）

幼4：我也得到绿色水了，我直接把黄色的皱纹纸放到蓝水里，水就变成绿色的了，我画在记录表空白的这一栏里。

师：看来颜色不仅能跑到清水里，还能跑到其他有颜色的水里，和原来的颜色混合，会得到新的颜色。

幼5：我玩的是一叠小皱纹纸和一张小皱纹纸，把它们同时放进同样的清水杯里，发现皱纹纸多的那杯颜色更深。（见图7）

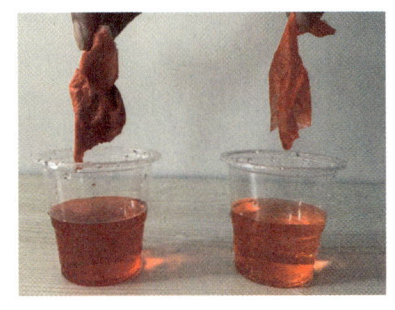

图6

图7

5.梳理小结（结合记录表）：我们发现皱纹纸的颜色、大小、数量都会影响到颜色跑到水里的效果，皱纹纸越多、越大，水的颜色就变得越深；还发现不同颜色的水混合在一起会变成新的颜色。

五、联系生活，引发幼儿持续探究

1.提出问题，引发幼儿思考：想一想，这些彩色水可以做什么用呢？

幼1：这些彩色水可以用来做蛋糕装饰。

师：做糕点的彩色水应该用可以食用的才比较卫生安全，我们这些彩色水是从皱纹纸里取出来的，不能用于食物。

幼2：可以用来做小手帕，像我们玩过的染色游戏。

2.播放"生活链接——会跑的颜色"视频，激发幼儿持续探究的兴趣。

引导语：看完这个视频，你知道彩色水有什么用处吗？

幼1：可以玩扎染，给衣服、毛巾、袜子上色。

幼2：我觉得它们可以用来画画，就像水墨画一样。

幼3：不能用来画画，白纸太光滑了，彩色水珠画不上去的。

师：到底能不能用来画画呢？大家可以到区角游戏里去尝试一下。

活动延伸

在区角游戏中提供材质、大小不同的白布，鼓励幼儿利用实验获得的彩色水体验扎染。引导幼儿尝试用彩色水在不同材质的纸上画画，继续探究彩色水的用处。

教师思考

这一科学活动源于幼儿的发现，通过视频将个别幼儿的兴趣推广到全体幼儿。褪色现象和许多因素有关，通过一次次的猜想、操作、观察、比较、记录，让幼儿亲身体验、实际操作、直接感知，符合幼儿以具体形象思维为主的特点。

活动环节的设计严格遵守科学探究要控制变量的原则，层层减少干扰变量，为后续的探究厘清思路。幼儿使用"自主、合作、探究"的学习方法，采用演示、讲述的方式展示自己的发现，教师及时引导，同伴评价、辩论，集体梳理小结。本次活动让幼儿了解材料的材质、大小、数量、水温等会影响褪色效果，知道比较颜色跑到水里快慢的正确方法，提高了幼儿的思辨能力，体现积极有效的师幼互动，关注个体差异。科学活动源于生活，也归于生活，活动的最后链接到了生活实际中的运用，保持与延伸了幼儿的好奇心和求知欲。

在活动中，从幼儿对褪色现象有好奇心的感知学习，到围绕影响褪色的因素的比较学习，再到褪色与染色应用的联想学习，幼儿在关联、拓展、迁移、应用的环节中沉浸式感受深度学习的学习方式，萌发了自主学习意识。

活动评析

1. 活动主题有趣。活动源于幼儿在区角游戏中的发现，是真实情境中的真问题，教师及时拍摄记录作为引入的把手，激发全体幼儿对个别幼儿发现的现象产生探究兴趣。在活动最后以多媒体方式链接生活，让话题得以延伸、持续。

2. 操作实验严谨。活动中对材料的使用，严格控制变量，层层递进，减少干扰因素。灵活运用集体、小组、个别相结合的组织形式，让幼儿在一次次的操作中感知多种因素对褪色效果的影响，知道比较褪色效果的正确方法，达成活动目标。记录表的设计较开放，空白栏给足幼儿记录新发现的可能。

3. 科学道理明晰。在活动中幼儿充分表达自己的发现，教师追随幼儿的回应、疑问，不断追问，巩固方法。基于幼儿认知水平，借助记录表小结，对幼儿而言比较简明易懂。

9 让纸站起来

设计者：叶雅静（厦门市同安区西溪幼儿园）
评析者：陈秀梅（厦门市同安区西溪幼儿园）

活动由来

进入中班后，幼儿对身边的事物非常感兴趣。在午餐后，他们经常将纸张拿出来摆弄，探索纸的不同玩法，但幼儿的玩纸方法简单，主要是以折纸为主。基于幼儿以具体形象思维为主的思维特点，教师尝试通过活动引导幼儿直接感知、亲身体验、实际操作，发现纸张更多的趣味玩法，体验探究过程，获得科学认知。

活动目标

1. 感知体验纸的形状影响其站立的稳定性的现象。
2. 发现通过改变纸张的造型或者借助外力能够让纸张站起来的秘密。
3. 乐于探索不同造型纸张的承重力，体验科学探究的乐趣。

活动准备

1. 经验准备：有初步的玩纸经验。
2. 物质准备：方形纸张若干，心形纸片若干、杯子若干、夹子若干、积木若干，（见图1）记录卡等。

图1

中班科学活动　121

活动过程

一、出示白纸一张，引起幼儿兴趣

引导语：今天老师请来了一个纸宝宝，纸宝宝想站起来，你们觉得它可以直接立起来吗？

幼1：不可以。

幼2：它没有脚，没办法站啊。

师：我请一个小朋友上来试试看。

幼3（一边操作一边答）：不行啊。

二、幼儿操作，探索让纸张站起来的方法

1.第一次操作（用辅助物体）。

（1）探索哪些物品可以帮助纸张站起来。

引导语：没关系，今天有很多物品要来帮助纸宝宝站起来。我们一起来看一看是什么。

幼1：杯子、积木、夹子。

师：请你们选择一个位置，利用这些物品玩一玩，帮助纸张站起来。

（2）幼儿操作，并分享探索结果。

师：请你们分享一下，你们是借助哪种物品帮助纸张站起来的？

图2 　　　　　　　　图3

图4 　　　　　　　　图5

122　幼儿园科学活动优秀案例精选

幼1：我是用两个夹子夹住纸张，夹子放在桌面上，纸张就站起来了。(见图2)

幼2：我是把纸张放在杯子中间。（见图3）

幼3：我是让纸张靠着积木站起来。（见图4）

幼4：我是用两个积木夹住纸张，这样它就立起来了。（见图5）

（3）梳理小结：我们通过借助外力能够让纸张站起来。

2. 第二次操作（改变造型）。

（1）幼儿选择一张长方形的纸，探索让纸张站起来的方法。

引导语：刚才小朋友们请了很多物品来帮助纸张站起来，如果不借助这些辅助物，你们能不能让纸张站起来？（幼儿自由讨论）

（2）幼儿操作，教师巡回指导。

（3）操作完毕，教师进行评价，请个别幼儿展示。

分享交流：你的纸张站起来了吗？你用了什么好办法？（请实验成功的幼儿上前分享方法）

幼1：我是把纸张卷一卷，然后轻轻地打开，让纸张弯弯的，它就站起来了。

幼2：我也是卷一卷，但是我没有张开，纸张卷完也能站住。

幼3：我是把纸张折成波浪形，这样它就站起来了。

幼4：我是把纸张折成三角形（V形），它也能站起来。

幼5：我是把纸张折成麦当劳形（W形），它也能站起来。

（4）梳理小结：我们通过改变纸张的造型也能够让纸张站起来。（见图6）

图6

三、幼儿操作，探索小纸桌的承重力

1. 出示记录表，引导幼儿猜测，记录。

引导语：你们觉得哪种造型的纸桌可以放最多的玩具？为什么？

幼1：圆形底座的纸桌可以放最多，因为它不容易倒。

中班科学活动

幼2：W形底座的纸桌可以放最多，因为它比较长。

师：老师这里有一张记录纸，（见图7）请小朋友们在第一列记录自己觉得能放最多玩具的纸桌造型，猜一猜每种一共可以放几个玩具，记录在第二列，并把最后它实际能放多少玩具的数量记录在第三列。

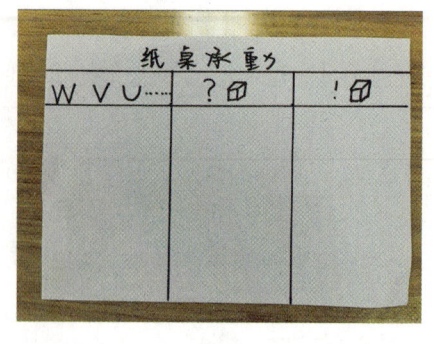

图7

2. 介绍材料，提出操作要求。

引导语：桌上的每个盘子里都有两张纸，一些玩具，待会儿请你们将其中一张纸折一折或卷一卷，将不同造型的纸作为桌子底座，把另外一张纸平放在上面作为桌面，看看桌面上能放多少玩具，并与自己的猜测进行对比。

3. 幼儿操作，（见图8~9）探索小纸桌的承重力，并结合记录表记录。

图8

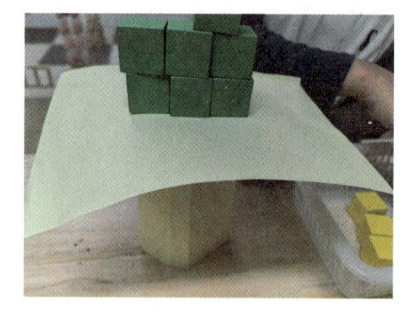

图9

4. 幼儿交流分享。

师：你的纸桌是哪种造型？它一共可以放多少个玩具？

幼1（边展示边答）：我是用圆形底座的小纸桌，玩具放在中间，放了19个。

幼2：我也是跟她一样的造型，我放了18个。

幼3（边演示边答）：我是用W形，我放了25个，放了两叠。

幼4：我的是V形的，我放了8个。

师：为什么你（幼2）的猜测跟她（幼1）一样，纸桌造型也一样，但是结果却不一样呢？请你再来试试看。

幼2展示。

幼1：不对，他的玩具没有摆在纸桌中间。

幼3：他太用力放了，要轻轻地。

幼2再次展示。

幼4：这样，他也可以摆很多了。

5.结合视频，了解科学原理。

引导语：不同造型底座的纸桌，有的可以放比较多的玩具，有的放比较少，小朋友都有自己的想法，让我们一起听听小博士是怎么说的。

小博士：一张纸直立有一个平衡位置，但这个平衡是非稳定平衡，能被一点点的干扰因素破坏掉。如果把一张长方形纸折成U形、V形、W形等形状时，会有多个折痕，形成多个支撑点，玩具对纸桌的力就被分散到这些支撑点，纸桌的承重力相对增强，就能放更多的玩具。

6.梳理小结：纸桌最终能放多少数量的玩具，不仅受底座造型的影响，也受玩具的摆放位置、小朋友的动作轻重等因素影响。

四、活动延伸，引发幼儿持续探究的兴趣

1.教师提出问题，引发幼儿猜想。

引导语：猜一猜，不同形状的纸张也可以用前面的方法站起来吗？

2.结合讨论，鼓励幼儿持续探究。

引导语：你们看，老师这里有一张心形纸，它可以站起来吗？

幼1：折一折，可以的。（见图10）

幼2：我也是对着折，使尖尖地角朝上，可以站起来。（见图11）

图10 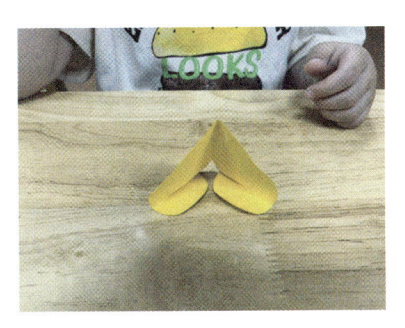　　　　　　　　　　图11

师：可以有多少种方法让它站起来呢？小朋友们可以继续去试一试。

活动延伸

在区域活动中提供不同形状的纸张，如三角形、爱心形、六瓣形、圆形等纸

中班科学活动　125

张，引导幼儿继续探索纸张站立的秘密。

> **教师思考**

　　本次活动主要分为四大环节，目标明确，环节设置有层次。在引入环节，教师基于幼儿的生活经验抛出问题，从问题入手，激发幼儿科学探究的兴趣。在探索让纸张站立的环节中，教师注重活动经验的延续性与递进性原则，首先让幼儿尝试借助辅助物让纸张站起来，在幼儿获得成功后，及时引发幼儿深入思考并探究：没有辅助物的情况下纸张如何站立？支持幼儿在动手操作中发现让纸张站立的秘密。第三环节主要是基于幼儿在上一环节的发现，提出更具挑战性的操作游戏：探索纸桌的承重力。通过猜想、验证、记录、分享，大部分幼儿发现 W 形的纸桌能承受较大的重量，但是不知道其科学原理。于是，教师提供科学视频，直观地为幼儿梳理总结，提升经验。活动的末尾，教师主要通过抛出问题，提供充足的探索材料，让幼儿在大胆挑战中收获体验乐趣，激发长远的探究兴趣。

> **活动评析**

　　1.活动选题源于幼儿日常的玩纸兴趣，活动能够有效地支持幼儿的深度学习，是幼儿乐于接受和探究的活动内容。

　　2.活动环环相扣，层层推进。活动中，教师能基于幼儿的生活经验抛出纸张能否站立的问题，从问题入手激发幼儿科学探究的兴趣。在探索的过程中，教师能注重活动的层次性，引导幼儿从借助辅助物探究，再到改变纸张造型的探究，最后基于改变造型探究其承重力，让幼儿的活动经验具有延续性与递进性。

　　3.活动理念正确，教师善用问题支架，促进探究游戏的深入开展。如，在活动过程第二环节的探索中，教师的问题先是：你们是借助哪种物品帮助纸张站起来的？然后再向深处提问：如果不借助这些辅助物，你们能不能让纸张站起来？教师能采用一些从易到难的问题，层层推进幼儿与同伴深入探究纸张站立的方法。

10 弹跳的泡泡

设计者：叶燕妮（厦门市同安区大同中心幼儿园）
评析者：江清盆（厦门市同安区大同中心幼儿园）

活动由来

幼儿喜欢在区域活动时玩泡泡，泡泡吹得大、吹得多、维持时间久都能引发他们发出惊讶的声音。幼儿发现有的泡泡碰到衣服会轻轻弹一下，有的会直接破了。对于此现象，他们觉得很惊奇，会提出"这是为什么""泡泡为什么会弹起来"等疑问。因此教师设计了本次活动，目的是支持幼儿在玩泡泡时对泡泡弹跳现象进行观察、比较，并借助猜想、操作和记录来了解泡泡弹跳原理。

活动目标

1. 感知毛线、绒面等有毛的材料能接住泡泡，且泡泡能轻轻弹起的有趣现象。
2. 初步了解泡泡弹跳的原理。
3. 感受泡泡可以弹跳的神奇，体验玩泡泡的快乐。

活动准备

1. 经验准备：有吹泡泡的经验。
2. 物质准备：毛袜子、帽子、纸巾、一次性塑料手套、珊瑚绒抹布等操作材料，（见图1）泡泡水、泡泡器、记录表、笔、课件等。

图1

中班科学活动　127

活动过程

一、播放视频，激发幼儿兴趣

1. 播放视频，猜测泡泡弹跳的原因。

引导语：小朋友们，上次我们玩泡泡的时候，发现了一个神奇的现象。现在再让我们一起来看看游戏视频吧。

2. 交流分享：你看到了什么？

幼1：我看到小朋友在玩泡泡，泡泡碰到衣服有时会破，有时不会破。

幼2：我看到有个小朋友用手臂接泡泡时，泡泡破掉了，他还说"为什么我的泡泡会破"。

师：你觉得他的泡泡为什么会破呢？

幼3：因为他接泡泡时太用力了，如果轻点就不会破了。

师：为什么另一位小朋友用手臂接泡泡时，泡泡不破还会轻轻弹起来呢？

幼3：可能是因为衣服材质不一样的原因。

幼4：因为他的动作比较轻，所以泡泡不会破。

3. 梳理小结：视频中，小朋友们在玩泡泡时，泡泡碰到不同人的衣服，有时会轻轻弹跳起来，有时会破，大家也猜想了各种原因。

二、提供操作材料，发现不同材料与泡泡接触后的不同现象

1. 出示材料图片，引发幼儿集体猜想泡泡与材料接触产生的现象。

引导语：今天这些材料想和泡泡一起玩。你们猜猜用它们去接泡泡时会发生什么现象。

幼1：我觉得用纸巾接泡泡时，泡泡会破掉。

幼2：我觉得用一次性塑料手套也会使泡泡破掉。

师：为什么你们觉得用这些材料接泡泡时，泡泡会破呢？

幼3：因为这些材料都是平平的。

幼4：因为一次性塑料手套是滑滑的。

师：你们都大胆地提出了自己的猜想，再来猜猜其他材料还会与泡泡产生什么现象呢？

幼5：我觉得泡泡和袜子接触，泡泡不会破。因为袜子是软软的。

师：泡泡与材料接触时，除了可能会破，还会产生什么好玩的现象呢？

幼6：我觉得泡泡会像视频里一样弹跳起来。

幼7：我也觉得如果拿着袜子与泡泡做游戏，泡泡也会弹起来。

2. 出示记录表，鼓励幼儿大胆猜想，对比实验的结果，引导幼儿用自己喜欢的方式记录猜想和结果。

材料					
猜想?					
结果					

引导语：桌面上已经准备好操作材料，请你们先去摸一摸，看一看，猜猜用这些材料接泡泡时会产生什么现象，并把猜测的结果用喜欢的符号记录在记录表里。记录完后，再拿起材料与泡泡做游戏，最后将结果记录下来，并把记录表夹在展板上。注意几点卫生要求：吹泡泡时不对着他人吹，不仰着头吹。

3. 结合记录表，分享交流：通过猜想和实验，你有什么发现？

幼1（展示记录表并讲述）：我猜测一次性塑料手套、毛袜子与泡泡接触时，泡泡会破，但是操作后发现，毛袜子能使泡泡弹跳起来；一次性塑料手套不能让泡泡弹跳，而且泡泡破了。

幼2：我刚刚也使用了一次性塑料手套，但我发现一次性塑料手套可以让泡泡弹起来。

师：看来你们对于泡泡与一次性塑料手套接触产生的现象有争议，其他小朋友还有什么不一样的发现吗？

幼3：一次性塑料手套不能让泡泡弹起来，会使泡泡"粘"在手套上。

幼4：我发现泡泡与一次性塑料手套接触时，会马上破了。

师：大家对于泡泡与一次性塑料手套接触都有不一样的看法，现在，我们请一个小朋友上台来再次操作下，大家看看结果会和谁说的一样。

幼儿进行操作。

师：你们有什么发现？

幼5：泡泡接触到一次性塑料手套时破了。

中班科学活动

幼6：当一次性手套湿湿的时候就会使泡泡"粘"在上面了，但是弹不起来。

师：通过再次操作，我们发现泡泡与干燥的一次性塑料手套接触时，会立马破了；而当手套上有水时，泡泡就会"粘"在上面，但弹不起来。对于其他操作材料，你们还有什么发现呢？

幼7（展示记录表并讲述）：我刚开始猜帽子和毛袜子不能让泡泡弹跳，但是实验后发现帽子和毛袜子是可以让泡泡弹跳起来的。

幼8（展示记录表并讲述）：我猜测纸巾可以让泡泡弹跳，但是最后发现纸巾不能让泡泡弹跳起来。

师：这边有两个符号，一个是用圈和打叉表示会使泡泡破的材料，一个是用圈和箭头表示能使泡泡弹跳的材料。老师按照小朋友们的实验结果将材料进行了分类。（见图2~3）

图2

图3

4. 梳理小结（结合分类图片）：不是所有材料都能使泡泡弹跳起来，像一次性塑料手套、纸巾会让泡泡一下就破了，帽子、袜子、珊瑚绒抹布等会使泡泡弹跳一会儿。（见图4~5）

图4

图5

三、观察、比较材料，发现有毛的材料能使泡泡弹跳起来

1.观察材料，发现有毛的材料能使泡泡弹跳。

引导语：这些能使泡泡弹跳起来的材料，它们都有什么特点呢？现在它们就在你们的椅子下，请你们拿起来，看一看，摸一摸。

2.幼儿观察、比较材料，并分享观察结果：能让泡泡弹跳的材料都有什么共同的特点呢？

幼1：这些材料都是干燥的，没有水。

师：为什么干燥的材料会让泡泡弹跳呢？

幼2：因为有水的时候泡泡会"粘"住，不会弹跳。

师：你们还有什么发现呢？

幼3：它们都有毛，有的比较长，有的比较短。

幼4：我知道了，这些材料都是干燥的，都有毛。

3.梳理小结：通过看一看，摸一摸，比一比，大家发现能让泡泡弹跳起来的材料都有一个共同的特点——干燥且有毛。（见图6~8）

图6　　　　　　　　图7　　　　　　　　图8

四、观看视频，初步了解泡泡弹跳的原理

1.幼儿观看视频，感知有毛材料让泡泡弹跳起来的原理。

引导语：为什么有毛的材料能使泡泡弹跳起来呢？今天老师带来了一段视频，请你们想一想其中的原理。

2.幼儿交流分享视频内容，教师提问：为什么有毛材料能使泡泡弹跳起来？

幼1：因为有毛的材料能减缓泡泡接触到物体表面。

幼2：不仅仅是有毛，还要是干燥的材料才能让泡泡弹跳起来。

幼3：干燥且有毛的材料，都是不喜欢水的，所以能使泡泡弹跳起来。

3.梳理小结：通过观看视频，我们发现绒面、毛线做的材料能让泡泡弹跳起来，是因为它们的表面有细毛，可以使泡泡不会直接接触到物品的表面，起到缓

中班科学活动　131

冲的作用，这样就可以使泡泡弹跳起来。

五、再次操作，引导幼儿探索让泡泡弹跳得更高、更久的方法

1. 提出问题，引发幼儿讨论泡泡弹跳得更高、更久的方法。

引导语：我们找到了泡泡弹跳的秘密，怎么样才能让泡泡像乒乓球一样，弹得高，弹得久呢？

幼1：动作要轻轻的。

师：为什么要轻轻的呢？

幼2：因为太用力泡泡就很容易破。

师：动作的幅度要轻，泡泡才不易破。

幼3：材料一定要是干燥、有毛的。

师：你关注到材料的重要性。

2. 分组操作，引导幼儿发现泡泡弹得更高、更久的方法。

引导语：桌面上有一些材料，大家可以动手去试试，看一看你能让泡泡弹跳几下，弹得多高，是怎么做到的。

3. 交流分享让泡泡弹得高、弹得久的方法：你让泡泡弹了几下？弹得有多高，你是怎么做到的？

幼1（边比划动作边讲）：我们这一组最多让泡泡弹了6下，我们是在泡泡吹出后，及时用毛绒小熊玩具轻轻接住并动一动，不让泡泡跑掉。

幼2：我的泡泡弹得比他高，我接住泡泡的时候向上轻轻用点力，泡泡就可以弹高了。

幼3：每一次泡泡落下时都要及时接住，没接住就会很容易接触到其他东西导致泡泡破了，就没办法弹了。

4. 梳理小结：通过动手试一试，在泡泡吹出时，我们发现用有毛且干燥的材料及时轻轻接住泡泡，并向上轻轻用点力，就可以让泡泡弹得更高、更久。

活动延伸

提供各种不同材质的材料，鼓励幼儿在区域活动中继续探究弹跳泡泡，寻找让泡泡弹得更高、更久的方法。

教师思考

本活动过程设计了五个环节，在第二个环节中，教师引导幼儿通过猜测、操作、记录的方式，观察生活中常见的材料与泡泡接触时是否能出现弹跳的现象。利用幼儿的争议点，支持幼儿再次实验，引导幼儿发现问题，解决问题，从而找到正确的答案。第三个环节中，教师主要是让幼儿通过用手触摸，用眼观察的方式，发现能使泡泡弹跳的材料是要有毛且干燥的，让幼儿在对比、观察的基础上发现材料的共同特征。在第四、五个环节中，通过视频的方式让幼儿了解泡泡弹跳的原理，并在此原理的基础上进行比赛，让幼儿进一步了解让泡泡弹跳更高、更久是有方法的。

活动评析

1. 活动以游戏为主，幼儿参与度高。

整个活动采用实验并结合游戏的形式，幼儿在一次次地吹泡泡、接泡泡、弹泡泡的过程中，发现泡泡弹跳与材料的关系，以及让泡泡弹得高、弹得久的方法，真正实现让幼儿在玩中学，学中玩。在这样宽松自由的环境下，幼儿对于泡泡弹跳的探究参与度高。

2. 遵循幼儿在前、教师在后的教学理念。

在实验中，教师鼓励幼儿自主探索发现泡泡弹跳的秘密，引发幼儿大胆猜想泡泡与材料接触后可能产生的现象，观察材料的特点，通过实验得到相应的结论。当幼儿出现争执时，教师引导幼儿再次做实验验证。整个活动过程中，教师启发幼儿发现问题，先由幼儿汇报实验结果，再由教师小结实验结论，最终达到教学目标。

11 投石器

设计者：王晓婷（厦门市同安区梧侣幼儿园）
评析者：黄莹（厦门市同安区梧侣幼儿园）

活动由来

在户外自主活动中，幼儿利用跷跷板玩起了投石器的游戏。教师发现幼儿对于投石器的游戏很感兴趣，他们都想比一比谁能够投射得更远，但幼儿只是机械地玩，每次的投射都很随机，并没有发现投石器发射物体的远近与支架高低、力臂长短等的关系。《指南》中指出，幼儿的科学学习是在探究具体事物和解决实际问题中，尝试发现事物间的异同和联系的过程。这就需要丰富幼儿有关"投石器"的经验，让幼儿将机械的操作转变为有意义的学习。

活动目标

1. 探索投石器发射物体的远近与支架高低、力臂长短的关系。
2. 能够遵守游戏规则，并简单记录游戏结果。

活动准备

1. 经验准备：幼儿有玩投石器的经验。
2. 物质准备：问题记录板、投石器、轻泥、课件等。

活动过程

一、观看幼儿问题记录单，提出问题

1. 幼儿自由讨论记录的关于投石器的问题。

引导语：这段时间大家对投石器游戏很感兴趣，在游戏过程中发现了很多问题，老师把问题记录单都展示在这里，请你们去看一看，讨论一下你们遇到的这些问题，看看有什么解决的办法。

幼1：这个投石器太高了，按的时候都碰不到地板。（见图1）

幼2：投石器太低了，轻泥飞不远。（见图2）

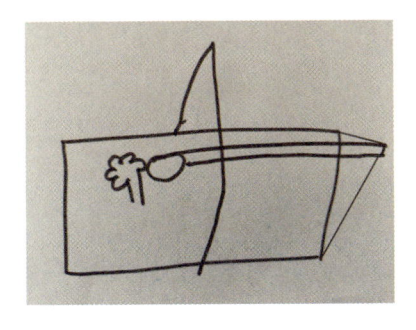

图1

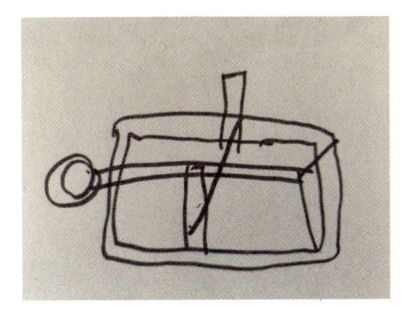

图2

师：这些都是关于投石器支架高度的问题。

幼3：这个投石器按压的这一边杆比较长，轻泥飞不远。（见图3~4）

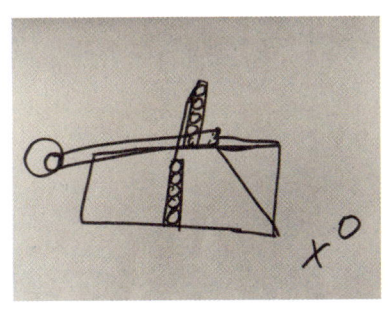

图3

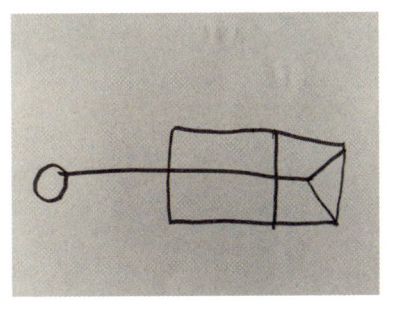

图4

幼4：我的也是这样子。

师：这些都是关于投石器力臂长短的问题。

2. 集中交流，提出问题。

引导语：到底什么样的支架高度、什么样的力臂长短才能让投石器投射得更远呢？待会儿大家去试一试、玩一玩。

二、第一次游戏：探究当投石器的力臂长度一样，支架高低不同时，投射轻泥距离的远近

1. 介绍操作材料、记录表，提出操作要求。

中班科学活动　135

引导语：老师为每一组都准备了4个投石器，我们来看看他们有什么不一样呢？（见图5~8）

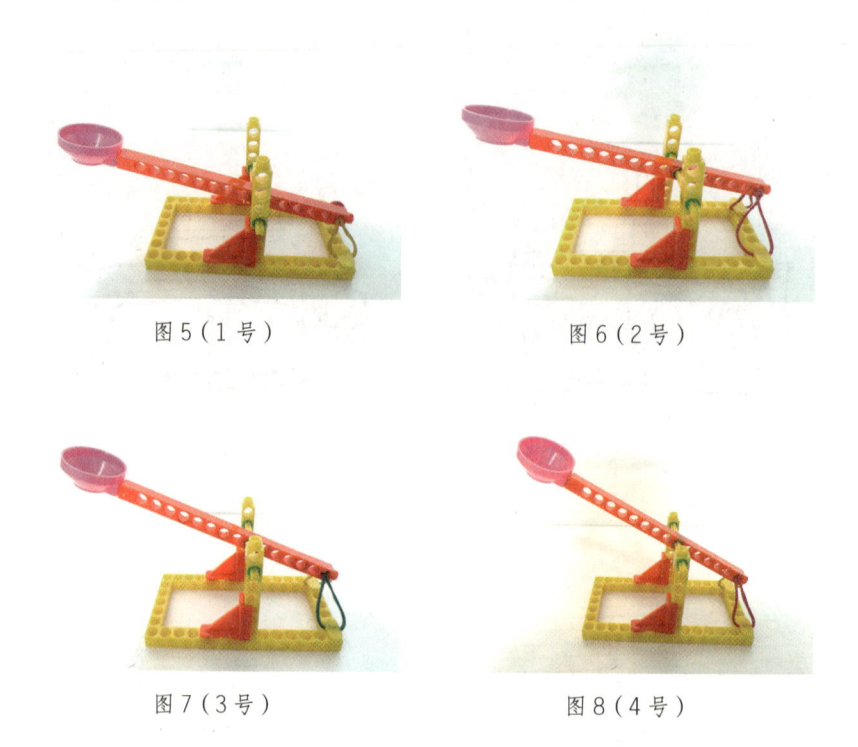

图5（1号）　　　　　　　图6（2号）

图7（3号）　　　　　　　图8（4号）

幼1：我发现这些投石器支架的高度都不一样。

幼2：我发现投石器支架的高度是越来越高的。

幼3：我还发现了1号投石器支架是一个孔的高度，2号是两个孔，3号是三个孔，4号是四个孔。

幼4：我发现了它们力臂都一样长。

幼5：我也发现了。

2.幼儿分组合作探究，并记录结果。

引导语：老师还为每一组提供了一张记录表，（如表1）等一会儿请你们4个人为一组，每个人玩不同号数的投石器，比一比谁的投石器把轻泥投得最远。每一次玩完都要把投得最远的投石器记录下来。完成后大家记得把记录表贴到两边的展板上。比赛时，记得要把投石器放在同一个起点，这样比赛才公平，比赛时间五分钟。（见图9~12）

表1　投石器投射远度记录表

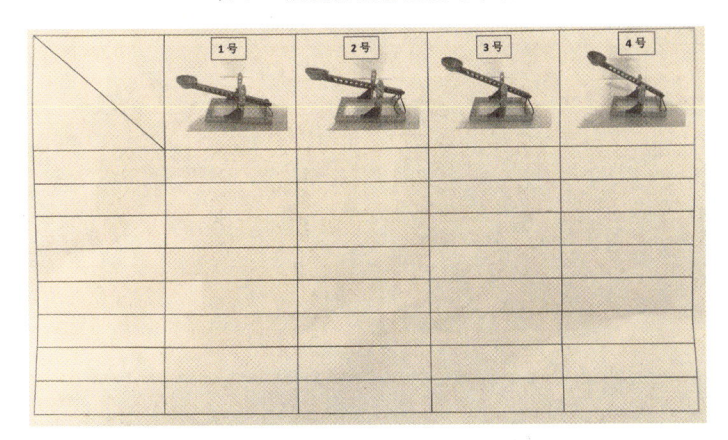

图9 　　　　　　　　　　　　图10

图11 　　　　　　　　　　　　图12

3.分享交流，梳理经验。

引导语：时间到了，请小朋友们都回到座位上。哪一组先来分享呢？

幼1：我们组一共比了7次，1号、2号投石器没有赢，3号赢了1次，4号赢了6次。（如表2）

幼2：我们组一共比了6次，每次都是4号赢。（如表3）

中班科学活动　137

幼3：我们这一组也是4号赢得最多，赢了5次。（如表4）

表2

表3

表4

表5

幼4：我们组只玩了4次，都是4号赢。（如表5）

师：你们组只玩了4次，为什么你们组玩的次数少呢？

幼5：因为大家都想抢3号投石器，每次比赛前都"剪刀石头布"，所以浪费了一点时间。

师：下次你们可以用轮流的方法，说不定这样大家都可以玩更多次。

4.梳理小结：同样长的力臂，支架更高，轻泥投射得更远。

三、第二次游戏：探究当投石器支架的高度一样，力臂长短不同时，投射距离的远近

1.教师提示调整力臂的方法。

引导语：刚刚问题展板上关于支架高度的问题我们已经解决了，那力臂长短的问题呢？

幼1：可以让不同长短力臂的投石器来比一比。

幼2：对，而且高度还要一样高才可以。

幼3：我们可以像前面一样，力臂从短到长逐渐不一样。

师：那等一会儿请大家都把投石器调整到四个孔的高度，这个高度是刚

刚我们在比赛中发现能够投得最远的高度。老师在投石器的杆上做了一个小记号,用作支点,你们来看一下,发现老师做的小记号有什么不一样吗?(见图13~16)

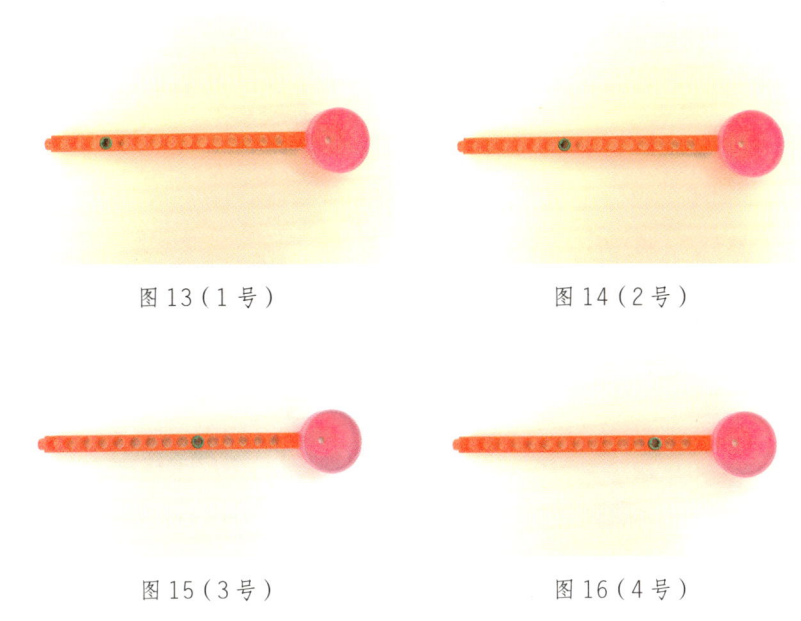

图13(1号)　　　　　　图14(2号)

图15(3号)　　　　　　图16(4号)

幼4:做记号的位置不一样。

幼5:力臂有的长,有的短。

幼6:我发现了按压一边的杆是越来越短。

2.介绍操作材料、记录表,提出操作要求。

引导语:老师做记号的位置就是我们要调整投石器支点的位置。等一会儿,请小朋友们把杆上做记号的位置插在支架上,再去比一比,到底哪个投石器投得远呢?记得要把每一次比赛都记录下来。(见表6)

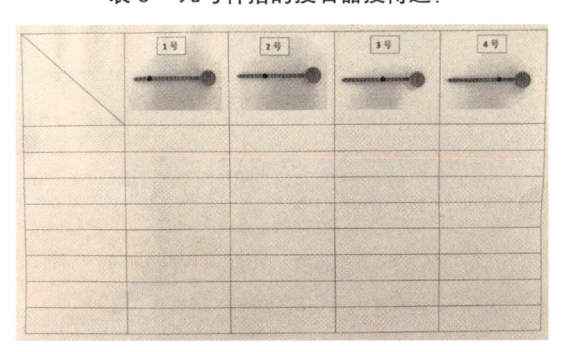

表6　几号杆搭的投石器投得远?

3. 幼儿分组合作探究，并记录结果。（见图 17~20）

图 17

图 18

图 19

图 20

4. 分享交流，梳理经验。

幼 1：我们组是 2 号力臂的投石器赢得最多次，有 5 次呢！（见表 7）

幼 2：我们组也是 2 号赢最多，我们赢了 6 次。（见表 8）

表 7

表 8

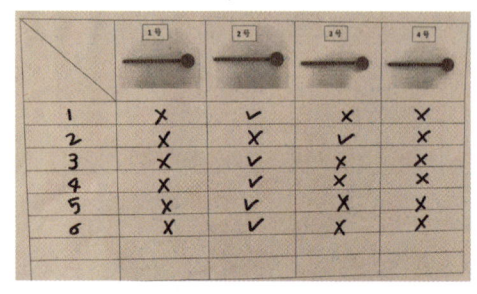

幼 3：我们组 1 号一次都没有赢，2 号赢了 6 次，3 号赢了 1 次，4 号也是一次都没有赢。（见表 9）

师：都是 2 号最多啊，那为什么每次都是 2 号呢？4 号呢？

幼 4：因为 4 号按压不了呀！

表 9

幼5：对呀，按压一边的杆不是越短就越好，也得长度合适才行。

5.梳理小结：在可按压的范围内，按压的这一边杆的力臂短一些，能让轻泥投得更远。通过两次游戏，我们发现，不同的支架高低、力臂长短不同，投射的结果也会不一样。怎样让投石器投得更远呢？要找到合适的力臂长度和支架高度。

四、联系生活，迁移经验

1.播放省力杠杆在生活中运用的视频，引发幼儿联系生活并思考。

引导语：生活中也有很多像投石器一样的东西，投石器运用的是杠杆原理。我们来看一段视频，谁来说一说你都看到了什么？

幼1：我看到了开啤酒的开瓶器。

幼2：我还看到了可以铲土的铲子。

幼3：还有拔钉子用的羊角锤。

幼4：有吊车。

幼5：还有称物品的秤。

师：视频里这些物品也是运用了杠杆原理，我们生活中还有哪些物品运用到杠杆原理呢？

幼6：还有我们玩的跷跷板。

幼7：爸爸最爱的钓鱼竿。

幼8：我们吃饭用的筷子也是。

幼9：还有我们玩的小推车。

幼10：还有剪刀。

师：对，请大家找一找，生活中还有什么运用到了杠杆原理？

2.梳理小结：在我们生活中还有很多运用到杠杆原理的物品，如小朋友玩的平衡车、滑板、摩天轮、摇摇马等。

活动延伸

1.在建构区、科学区投放制作投石器的材料，如直尺、冰棒棍、长短不一的木片、乐高等，支持幼儿进一步探索。

2.在阅读区投放相关绘本如《投石机》《百变投石机》等，让幼儿拓展有关投石机、杠杆原理等方面的经验。

3.家园共育：家长与幼儿共同查阅有关杠杆原理的资料，或带幼儿到科技馆去参观学习，丰富杠杆原理的经验，了解杠杆原理在生活中的运用。

教师思考

本次活动分四个环节，在引入环节，出示的问题记录单有利于幼儿梳理问题经验，有效地引出所要探究的问题，创设了自由宽松的谈话环境，激发了幼儿参与活动的兴趣，为后续的探究做好经验的铺垫。

在第一次游戏环节，重点是让幼儿去自主探索力臂长度相同、支架高低不同对投石器投射远近的影响。幼儿的科学学习是在探究具体事物和解决实际问题中，尝试发现事物间的异同和联系的过程。教师要创设自由宽松的探究环境，引发幼儿持续探究的兴趣。从幼儿的现场表现来看，幼儿热衷于比较、探究的过程，表现出了浓厚的兴趣和愉悦的情绪。

第二次游戏主要是通过提供相同支架高度、力臂长短不同的投石器，引导幼儿去实验探究，在高度一样、力臂不同的情况下，哪种投石器可以投射得更远。从而让幼儿去发现，在可按压的范围内，按压的这一边杆的力臂短一些，能让轻泥投得更远。教师要给幼儿提供充分的探究、比较的时间，提供充分的自主探索的机会，并加以适时的启发引导、经验梳理，从而提高幼儿的科学探究能力。

科学教育倡导走进生活。投石器运用的是杠杆原理，在我们生活中也有很多运用杠杆原理的物品，它们为我们的生活带来了很多便利。因此，联系生活这个环节就是将杠杆原理迁移到生活当中去，让幼儿进行经验迁移，理解周围的世界，对发生在身边的科学现象做出合理的解释，从而让幼儿发现科学不但有趣而且有用，激发幼儿科学探究的兴趣。

活动评析

活动设计环环相扣，难度由易到难，层层递进。教师帮助幼儿梳理投石器发射物体的远近与支架高低、力臂长短的关系。在活动过程中，幼儿能够积极投入，主动探索，在自己动手操作中、在与同伴的交流分享中获得相关经验，实现了做中学、玩中学。

活动中，教师以幼儿为主体，支持、引导幼儿深度学习，激发了幼儿探究科学实验的兴趣，美中不足的是记录的方式不够完善，提供的记录单对中班幼儿来说难度较大，还需进行调整。

12 探秘指纹

设计者：张小臆（厦门市同安区凤岭幼儿园）
评析者：邵晓梅（厦门市同安区凤岭幼儿园）

活动由来

在角色游戏中，幼儿把自己家里淘汰的旧手机带来玩付款、拍照等游戏。在一次游戏中，有幼儿反复尝试想解锁手机屏幕，但都没有成功，他问："老师，为什么我妈妈的手指一按就能打开手机，我怎么按都打不开呢？"一个问题激起了小伙伴们的好奇心与探究欲望，他们纷纷表达了自己的想法。中班的幼儿好奇心、求知欲越来越强，他们喜欢提出问题，喜欢探索周围包括自身的一切事物……从他们的问题中，教师发现他们知道指纹解锁，但对指纹的特点并不了解，为此，设计了本次活动。

活动目标

1. 感知指纹的常见类型和独特性。
2. 能合作探究并记录指纹在生活中的运用。
3. 感受探究指纹秘密的乐趣。

活动准备

1. 经验准备：幼儿初步了解指纹的基本特征。
2. 材料准备：调查表、放大镜、记录表、PPT、指纹相关数字资源、Ipad、指纹相关图片、儿童百科全书等。

中班科学活动

活动过程

一、问题导入，激发兴趣

1. 观看 PPT 1，大胆猜测。（见图 1）

图 1　　　　　　　　　　　　图 2

引导语：熊猫奇奇的蜂蜜被偷喝光了，有什么办法可以知道谁偷喝了蜂蜜呢？

幼 1：可以查监控。

幼 2：可以闻闻谁嘴巴有蜂蜜的味道。

2. 观看 PPT 2，发现指纹。（见图 2）

引导语：熊猫奇奇想到了什么好办法？

幼 1：检查杯子上的指纹。

幼 2：用放大镜看杯子上的指纹。

3. 观看 PPT 3，识别身份。（见图 3）

图 3

引导语：根据指纹能够知道是谁偷喝了蜂蜜吗？为什么？

幼 1：小猴子偷喝了蜂蜜。

幼 2：小猴子的指纹和杯子上的指纹一样。

4. 梳理小结：杯子上的指纹和小猴的指纹一样，查出是小猴偷喝了蜂蜜。

二、分享交流，发现不同

引导语：小朋友们最近对自己的指纹都特别感兴趣，还回家进行了调查呢，今天大家都把调查表填好带到幼儿园了，我们一起去看一看吧。（见图 4）

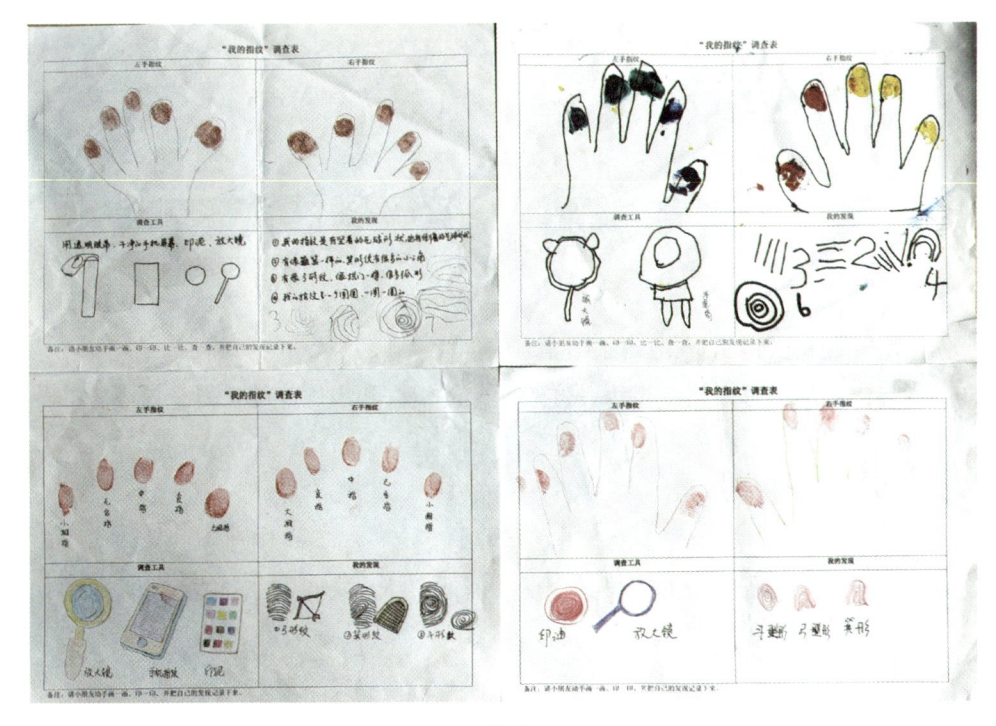

图 4

1. 分享调查表，介绍自己的发现。

引导语：你的指纹是什么样的？你有什么类型的指纹呢？

幼 1：我的指纹是圆圆的。

师：圆圆的是什么类型的指纹呢？

幼 1：圆圆的是斗形纹。

幼 2：我的指纹也是一圈一圈，妈妈说这是斗形纹，我还有像小山坡一样的指纹，这叫作箕形纹。

幼 3：我的指纹有竖着的气球形状，也有倒着的气球形状。

幼 4：我知道箕形纹就像一个簸箕一样，斗形纹就像一个螺旋一样。我有斗形纹，也有箕形纹。

幼 5：斗形纹也像树木的年轮，一圈围着一圈。我有很多斗形纹。我知道一种指纹像拱门，叫弓形纹。

师：我们的指纹一般可以分为斗形纹、箕形纹、弓形纹三种，有的人只有一种类型的指纹，有的人则拥有多种类型的指纹。（见图 5~6）

中班科学活动　145

图 5   图 6

2. 对比调查表，了解指纹的不同。

引导语：你的每个指纹长得一样吗？你的指纹和小伙伴的长得一样吗？

幼 1：我每个手指的指纹长得有点不一样。

幼 2：我的不同手指上的指纹长得有点像，但又不一样。

幼 3：我的指纹和他的指纹有一些很像的，有一些不一样的。

3. 梳理小结：我们手上的每一个指纹都不一样，我们手上的指纹和小伙伴们的指纹也都不一样。

三、分辨不同，感知独特

引导语：同一种类型的指纹哪里长得不一样？老师为小朋友们准备了放大的不同类型的指纹图片，小朋友们可以用放大镜分组去比一比、看一看，并记录下来。（见图7）

1. 分组探究，寻找不同。

2. 交流分享，验证不同。

引导语：同一类型的指纹有什么不一样呢？

幼 1：我看这两个斗形纹，它们的圈有的比较圆，有的比较扁。

师：还有什么不一样的地方吗？

幼 2：有的圈比较多，有的圈比较少。

师：你说的是什么圈呢？

幼 2：指纹的圈，斗形纹的圈不太一样，而且纹线有的长，有的短。

图 7

师：除了指纹的长短不一样，还有什么不一样？

幼 3：我发现指纹有的粗有的细。

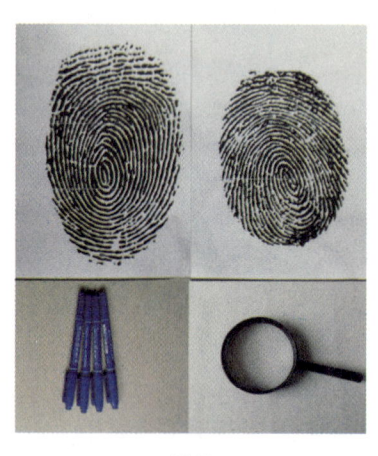

幼4：我这张都是箕形纹，但是它们的弯不一样。

师：什么样的弯？是指形状吗？

幼4：对，它们弯出来的形状不一样。

3.梳理小结：同一类型的指纹，它们的纹线长短、形状、粗细、结构都不一样。每个人的每一个指纹都是不一样的，也就是说我们的每一个指纹都是独一无二的。

四、合作探究，了解运用

引导语：独一无二的指纹有什么用呢？老师给小朋友们准备了Ipad、儿童百科全书、指纹相关图片、记录表等，小朋友们可以选择自己喜欢的方式去找找指纹的奥秘，并把你们的发现记录下来。

1.分组探究，寻找奥秘。

2.交流结果，分享发现。

引导语：独一无二的指纹可以为我们做些什么呢？

幼1：我看到用指纹可以打开手机，可以开门。

幼2：警察可以用指纹识别坏人，坏人留下指纹，可以找出他们。

幼3：我看到有人用指纹取钱。

幼4：指纹可以盖手印，我看到有一些字上面盖了红红的指纹。

3.梳理小结：独一无二的指纹一般来说都不会改变，而且指纹能让我们的手增加摩擦力。由于每一个指纹都是独一无二的，因此指纹可以协助警察侦破案件。此外，人们利用指纹的独特性发明了指纹解锁、指纹打卡、指纹取款等。

五、观看介绍指纹的视频，拓宽认知

引导语：原来指纹还有这么多小秘密呢！那么关于指纹你还想知道什么呢？我们还可以利用指纹来发明哪些便于人们生活的产品呢？我们可以到科学区里探索更多指纹的奥秘，还可以到美工区进行创意指纹画。

活动延伸

1.科学区：提供科学图书、指纹图片、记录表，引导幼儿对感兴趣的指纹问题做进一步的探究。

2.美工区：投放颜料、透明胶带、橡皮泥等，鼓励幼儿用不同的方法拓印自己的指纹，制作创意指纹画，进一步探究指纹的纹路和形状，感知指纹的不同。

教师思考

本次活动中，教师通过动画PPT引出问题，开门见山导入活动主题，不仅能激发幼儿的参与积极性，同时激发他们探究指纹的兴趣，为后续的探究活动做准备。在让幼儿通过分享交流调查表、观察比较自己的每个指纹和同伴指纹的过程中，教师为幼儿提供充分的表达表现的机会，并给予适当的启发引导、经验梳理，让幼儿初步发现每个指纹是不相同的。但在这个环节中，幼儿的回答比较单一，教师未进一步启发便进行了小结。此外，教师让幼儿在通过"找不同"的自主观察操作中巩固对指纹各不相同的了解，以此来帮助幼儿感知指纹的独特性。有些幼儿对指纹的描述比较不清晰，教师未及时帮助幼儿提炼语言。教师通过提供不同的探究材料，启发幼儿通过自主查阅、共同观看等方法去探究发现指纹在生活中的运用，让幼儿通过小组合作探究的方式了解指纹的独特性为生活带来的便利。最后，教师利用视频进行科普教育，让幼儿发现指纹还有许多我们不知道的秘密，以此激发幼儿持续探究的兴趣，让幼儿在生活中不断自主探索、主动学习。

活动评析

1. 活动内容来源于幼儿生活，贴近幼儿生活，同时也是幼儿非常感兴趣的内容。活动目标主要是让幼儿感知指纹的类型和独特性，初步了解指纹识别技术在生活中的应用，培养幼儿运用观察、比较、分析等方法解决问题的能力，有效地激发幼儿的求知欲和科学探索精神。

2. 活动过程采用有趣的动画PPT，从熊猫奇奇遇到的问题导入，引出指纹，有效地激发幼儿的参与积极性。教师巧妙利用亲子调查的方式，为幼儿做好经验准备和材料准备，让幼儿对指纹的基本特征有初步的了解。启发幼儿结合自己的调查表观察自己的指纹和同伴的指纹，在这过程中幼儿不仅自我观察，还与同伴互动观察，在探索指纹特性的同时合作能力得到了提升。在观察比较同一类型的指纹长得不一样的过程中，幼儿感知指纹的独特性，同时发展了观察力、表达能力。最后，放手让幼儿分组合作操作探索指纹在生活中的作用，丰富了幼儿关于指纹的认知。

3. 活动效果良好。层层递进的环节设置，环环相扣的分组操作，让每个幼儿都能够得到亲身体验、有效探究。建议：活动中教师要注意留给幼儿充足的自主表达的时间。

大班科学活动

1 神奇的转动

设计者：练小倩（厦门市同安区实验幼儿园）
评析者：周维维（厦门市同安区实验幼儿园）

活动由来

近期在科学区投放了一系列关于陀螺探究的材料，幼儿乐之在操作的过程中发现，当她在空白的陀螺上点上一个小黑点，让陀螺转起来后，小黑点就会变成一个圈，她激动地分享给旁边的小朋友。幼儿志鸿也在陀螺上点了好几个点，然后转动起来，他激动地叫着："你看，我点了好几个点，就变成了好多圈圈！"其实孩子们议论的陀螺转起来后点变成圈的情况是一种视觉暂留现象，当人眼所看到的影像消失后，视神经对物体的印象不会立即消失，人眼仍能继续保留其影像0.1~0.4秒的图像。对幼儿来说，这种因为转动而产生的"眼见也不为实"的现象有趣且神奇，强烈激发了幼儿探索的欲望。因此教师通过设计、开展大班科学活动，从幼儿对视觉暂留现象的兴趣和好奇心出发，以生活中的视觉暂留现象为活动资源，让幼儿体验视觉暂留现象带来的乐趣，了解这一科学现象在生活中、艺术表现中的运用。

活动目标

1. 通过实际操作感知、验证视觉暂留现象，初步了解画面转动时会产生视觉暂留现象。
2. 乐于发现和探索生活、游戏中因为转动而产生的视觉暂留现象。
3. 感受视觉暂留在生活中的运用及其带来的乐趣。

活动准备

1. 经验准备：看到过身边的视觉暂留现象；生活中见过陀螺，玩过陀螺游戏。

2. 物质准备：可操作验证视觉暂留的图卡、纸片、棍子、双面胶、科学活动材料陀螺材料包，（见图1）记录表、课件等。

图1

活动过程

一、以陀螺导入，引出由画面转动产生的视觉暂留现象

1. 出示画有三个点的陀螺，（见图2）观察陀螺转起来后产生的变化。

师：老师这里有一个特别的陀螺，请你们瞧一瞧这陀螺上有什么？

幼1：有三个黑色的点。

师：请你们猜猜，这陀螺上的三个点在转起来后会发生什么变化？

幼2：我有玩过这个游戏，点会变成圈圈。

图2

2. 利用投屏器，现场转动陀螺，让幼儿感知视觉暂留现象。

师：这个特别的陀螺转起来会产生什么变化？请你们仔细盯着它看。

幼（一起答）：点变成圈圈了！

师：你们知道为什么陀螺转起来后，上面的点会变成圆圈吗？

幼1：因为陀螺转太快了，我们眼睛就看花了！

幼2：陀螺把我们都转晕了。

3. 梳理小结：物体在快速转动的时候，我们的眼睛看到物体消失后，仍能短暂保留这个影像。陀螺快速的旋转，我们的眼睛跟不上它的变化，会把点看成圈，这种现象叫做视觉暂留现象。

二、尝试拉拽陀螺实验，感知视觉暂留现象

1. 出示科学活动材料陀螺材料包，鼓励幼儿根据步骤制作拉拽陀螺，观察、

探索图片中隐藏的视觉暂留的奥秘。（见图 3~6）

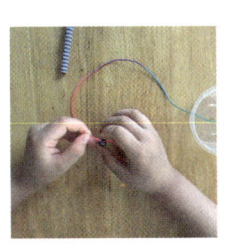

| 图 3 | 图 4 | 图 5 | 图 6 |

2. 分享交流，启发幼儿通过科学活动材料陀螺材料包制作的拉拽陀螺，让图片高速运转，感受视觉暂留现象带来的有趣与神奇。

师：谁来说说你刚刚操作的图片上有什么图案？

幼1：图片上有一只奔跑的猫，猫的另一面是一只在逃跑的老鼠。

师：那你们尝试操作这个材料后，有发现什么神奇的变化吗？

幼2：我看到了猫抓老鼠的图案。

师：那你们是用什么方法看到了猫抓老鼠？

幼3：我用的是拉绳子的办法。（见图7）

幼4（边演示边答）：我是拉动彩色的绳子，绳子卷在笔上，一拉，笔就转起来了，笔转起来后卡片就跟着转得很快，然后就看到猫在抓老鼠了。

幼5（边演示边答）：我不知道怎么把绳子绑在笔上，没办法用绳子让笔快速转起来，但是我用手直接转铅笔，圆片跟着铅笔转起来，也能看到猫抓老鼠。（见图8）

| 图 7 | 图 8 |

师：你们知道为什么会发生这种神奇的现象吗？

幼6：是视觉暂留。

幼7：卡片转动，我们的眼睛产生了视觉暂留。

幼8：因为眼睛可以把消失的猫和老鼠继续留一会儿，不会马上消失。

大班科学活动 153

3. 梳理小结：当我们拉动彩线带动铅笔转动，上面的圆片跟着快速转动，形成了视觉暂留现象，这时我们看到的图像就和转动之前的图像不一样了。

三、留影盘制作，初步探索因转动产生视觉暂留现象的条件

1. 出示著名的保罗·罗盖留影盘，猜想留影盘转动起来会变成什么图案。

引导语：老师还带来了一个神奇的留影盘，你们瞧，这个留影盘上有什么？

幼1：留影盘的一面有一只鸟，另一面是一个鸟笼。

幼2：我玩过这个游戏，是要把这个圆盘转动起来玩的。

师（提问并操作留影盘）：是的，留影盘的两面有不同的图案，请你们仔细地看一看，当它转动起来的时候会发生什么变化。

幼3：小鸟跑到笼子里去了！

幼4：小鸟被笼子关起来了。

师：为什么会有这种变化？

幼5：是因为转动，转动后产生视觉暂留现象。

2. 梳理小结：留影盘的两面有两个不同的图案，转动后，产生了视觉暂留现象，我们就会看到一个新的图案。

3. 出示经典的视觉暂留动图，让幼儿大胆猜测形成这一神奇现象的图片原型是什么？

引导语：你们看到了什么？为什么这些小人、斑马和猴子看起来一直在重复地运动？

幼1：因为有视觉暂留现象！

幼2：因为图案一直在旋转，产生了视觉暂留现象。

师（出示停止转动的图片）：那原本是什么图案转动会产生这样的现象呢？

幼3：是有不同动作的斑马和猴子！

幼4：这图案上的斑马腿的动作都不一样，有的腿伸长了，有的腿收回来，像是在跑。

幼5：斑马的动作连起来是跑步的动作。

幼6：上面的小猴子也是，一会儿高，一会儿低，有的抓住了树枝，有的掉下来一点。

师：那这些图案是怎么排列的？

幼7：他们都围成了一个圈。

4. 梳理小结：原来，连续动作的图案围成圆圈排列，转起来的时候图案就像会动起来，变成一组动图。

5. 画一画、试一试，动手验证。

引导语：老师准备了圆形纸板、铅笔、双面胶、彩笔、绳子、木棍等供大家进行留影盘创作，小朋友们要记录操作的过程和结果。

幼儿分享交流制作留影盘的经验和结果。

幼1（边演示边答）：我画的一面是一只小兔，另一面是一个女孩子，但是转起来却看到了乱糟糟的图案。

师：你觉得为什么会变成乱糟糟的图案呢？

幼1：因为小兔和小女孩转动后，产生视觉暂留现象，好像叠在了一起，所以看不清了。

幼2（边演示边答）：我做的是小鸟和笼子，我这只小鸟还有漂亮的羽毛，我的操作成功了！（见图9~10）

图9 　　　　　　　　　　图10

幼3（边演示边答）：我做的也是小鸟和笼子，但是我的小鸟不小心画得太大了，鸟笼有点小，转起来后，有点关不住小鸟，小鸟的翅膀伸出了笼子。（见图11~12）

图11 　　　　　　　　　　图12

师：原来在设计留影盘的时候，还要注意图案的大小关系。

幼4（边演示边答）：我设计的是两个爱心，一个空心的画在比较高的位置，一个画在比较低的是红色的，转起来后这个爱心就像会跳起来。（见图13~14）

图13

图14

师：原来，不同位置、不同颜色的两个图案交替出现，就会出现心跳一样的视觉暂留现象。

幼5（边演示边答）：我设计的是太阳和下雨的图案，但是也是有一点点不成功，转起来后图案也是叠在了一起。（见图15~16）

图15

图16

幼6（边演示边答）：我一面画了一朵小花，另一面画了一只蝴蝶，转起来后，就像蝴蝶飞在小花上面。（见图17~18）

图17

图18

6. 梳理小结：在留影盘的两面画上连续的动作或者有规律的图案，转动留影盘后，这些图案看起来就会变成动图或者新的图案。

四、联系生活，初步感知视觉暂留现象在生活中的运用

1. 鼓励幼儿进行经验迁移，说一说自己见过的视觉暂留现象。

师：你在生活中有见过视觉暂留现象吗，在哪里见过？

幼1：车轮转动的时候，会看到上面的图案变成圆圈。

幼2：我姐姐有本漫画书，只要很快地翻动，上面的图案就会动起来。

2. 播放视频，让幼儿感受视觉暂留现象在生活中的广泛运用。

师：你看到了哪些视觉暂留现象在我们生活中的运用？

幼1：动画片就是视觉暂留现象的运用。

幼2：日光灯也有视觉暂留现象。

幼3：还有走马灯！

3. 梳理小结：视觉暂留现象在我们生活中的应用很广，运用视觉暂留现象，人们发明了动画，电影和电视剧都与视觉暂留现象有关；走马灯、快速翻动的书本变成动画也是视觉暂留现象。

活动延伸

鼓励幼儿在科学区继续探索视觉暂留现象，继续寻找生活中视觉暂留现象的运用，进一步激发幼儿对视觉暂留现象的探究兴趣和欲望。

教师思考

教师要充分利用幼儿身边的事物和现象作为科学探索的对象，关注幼儿科学探索活动中的需要。设计此活动目的是支持幼儿探索经验的获得，在趣味探索中求真，在生活教育中启智。活动中，教师为幼儿提供了充分的观察、比较的时间和充分表达表现的机会，并加以适时的启发引导、经验梳理。此外，还根据"玩中学"的科学教育理念，用丰富的实际操作的游戏引发幼儿对视觉暂留现象的探究兴趣与思考，通过让幼儿运用各种感官动手、动脑去发现问题和解决问题，激发了幼儿乐于探索身边的科学现象的积极性，让幼儿从科学小游戏中获得科学的思考方式、科学的态度和精神。

> 活动评析

本次活动的选材符合大班幼儿的兴趣与发展水平。视觉暂留现象对于幼儿来说既熟悉又陌生。练老师设计的这个活动给予幼儿三次挑战：第一，在观察陀螺转动中发现和感受视觉暂留现象；第二，让幼儿在拉拽陀螺中去深入体验视觉暂留现象的有趣；第三，通过操作留影盘发现视觉暂留现象，让前后出现的两张图片产生了同时出现的"奇特现象"，并让图片之间发生了"情境关联"或"视觉联动"。三次递进的活动中，教师引导幼儿在多次操作探索中感知了视觉暂留的有趣现象，了解视觉现象与自己生活的联系。

各环节设计体现了"玩中学"的科学教育理念，引发幼儿对生活中视觉暂留现象的思考。教师步步设疑，层层推进，激发幼儿进一步探索的兴趣，让幼儿在操作、观察中探索。此次科学活动中融合了数学、逻辑思维、语言等领域的教育内容，重视对幼儿在操作活动中的良好行为习惯和学习品质的培养，让幼儿在获取成功喜悦的同时，既增强了对科学现象的探索兴趣，也发展了合作等多种能力。活动中教师的设计条理比较清晰，环节紧扣，有教师适宜的引导，也有对幼儿自主探索的支持。

建议：（1）科学原理的解释不用过多地反复强调，重点在于让幼儿去感受、体验这个科学原理的奥秘。（2）要注重科学活动中教师语言的严谨性，语言要精简，注重提问和梳理，让科学的核心经验更聚焦，让科学教育更有价值。

2　神奇的凸透镜

设计者：刘宇晖（厦门市同安区兴国幼儿园）
评析者：黄抒斐（厦门市同安区兴国幼儿园）

活动由来

在探索班级植物角时，幼儿会使用放大镜观察植物叶脉、昆虫触角等细微处。放大镜是他们观察的好帮手，他们对放大镜产生兴趣，讨论着"用放大镜看得好清楚""放大镜真神奇"等。幼儿的经验是零散的，无法将放大镜的作用与特点相结合，缺少有意识的探究。《指南》中指出，应注重引导幼儿通过直接感知、亲身体验和实际操作进行科学学习。放大镜是最常见的凸透镜，它能将进入的光线聚拢，让人眼看到放大的虚像，这是放大镜的成像特点，也是幼儿理解的难点。基于这些幼儿的经验，为有效追随幼儿的兴趣，教师设计了本次活动，旨在通过观察、比较、实验等让幼儿感知凸透镜的基本原理和外形特点，让幼儿在问题引领下与多种材料互动，在教师的引导下进行有效探究学习，从而满足幼儿的探究欲望，提高探究能力。

活动目标

1. 感知凸透镜的外形特点和凸透镜放大物体的现象。
2. 尝试自制水滴凸透镜，并用符号记录操作结果。
3. 勇于尝试和分享，对发现感到兴奋和满足。

活动准备

1. 经验准备：幼儿已有使用放大镜的经验。

2.物质准备：放大镜、放大镜片、塑料盖子、滴管、小水桶、水、记录表、笔、透明水瓶，PPT。

活动过程

一、经验导入，感知放大镜的外观特点

1.出示放大镜。

引导语：今天老师带来了一个有用的工具，它是什么？它有什么作用？

2.交流分享放大镜的作用。

幼1：这是放大镜，它能够帮助我们看到花朵里的花蕊。

幼2：还能够帮助我们看到蚂蚁的触角。

师：除了在植物角，我们还会在哪里用到放大镜？

幼3：我在电视上看到科学家会用放大镜找到很小的细菌。

3.梳理小结：放大镜可以帮助我们看到放大后的图案和更清晰的画面。

4.分组观察放大镜，感知其外观特点。

引导语：镜片上藏着什么秘密？请小朋友们看一看、摸一摸，说说你们的发现。

幼1：我发现放大镜片的中间是凸出来的。

幼2：放大镜片的边缘是薄薄的。

5.梳理小结：原来放大镜的秘密藏在它的外观上，它的镜片形状是中间厚，边缘薄。它还有一个好听的名字叫做凸透镜。（见图1）

图1

二、第一次做实验，发现水滴凸透镜也可以放大物体

1.出示塑料盖子，引发幼儿观察。

师：这是一个透明的塑料盖子。请你们看一看，摸一摸，它和放大镜有什么不同？

2.鼓励幼儿根据观察结果大胆表达自己的猜想。

幼1：透明的塑料盖子摸起来平平的，跟放大镜摸起来不太一样。

师：你们觉得塑料盖子会像放大镜一样有放大功能吗？

幼2：我觉得可能可以。

师：为什么你觉得它可以放大？

幼2：因为透过它也可以看到东西。

师：有的小朋友觉得塑料盖子没办法放大物体，为什么？

幼3：它跟放大镜长得不一样，它是平的，就不能放大物体。

3. 教师介绍操作材料及要求：在操作台上有一个透明的塑料盖子、滴管、水和一张记录表，请小朋友们用滴管取水轻轻地滴在透明塑料盖的上面，看看它是否能够放大我们记录表上的爱心图案，（见图2~3）如果可以我们就用笔记录在大苹果这一边，不可以的话我们就记录在小苹果的这一边。（见图4）

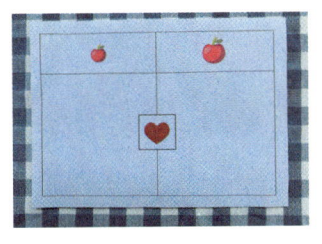

图2　　　　　　　　　图3　　　　　　　　　图4

4. 幼儿自由探索水滴凸透镜，教师观察指导。

5. 集中分享交流。

师：透过滴上水滴的盖子看记录表上的爱心，你有什么发现？

幼（一起答）：爱心变大了。

师：为什么塑料盖子滴上水滴后就能让爱心变大？

幼1：因为水滴有放大的效果。

师：为什么水滴有放大的效果，它和凸透镜有什么一样的地方？

幼2：滴上了水滴，塑料盖子的中间凸出来了，就像凸透镜一样。

6. 利用PPT展示。

7. 梳理小结：塑料盖子上的水滴的形状是凸出来的，它就像一个凸透镜，而凸透镜具有放大物体的作用，所以透过小水滴看到的爱心图案也就被放大了。

三、第二次实验，引导幼儿自制水瓶凸透镜

1. 出示透明水瓶，引导幼儿观察水瓶的外形特征。

师：水瓶的外观是什么形状？

大班科学活动　161

幼1：水瓶是圆柱形的，跟放大镜的外形不一样。

师：水瓶从正面看和上面看分别是什么形状？

幼2：从正面看就像一个长方形，从上面看是一个圆形。（见图5）

师：它和中间厚、边缘薄的凸透镜外形一样吗？

图5

幼3：不太像凸透镜，凸透镜是扁扁的，水瓶是长长的。

幼4：从上面看是圆形的，跟凸透镜的外形有点像。

2.提出问题，鼓励幼儿根据观察大胆表达自己的猜想及依据。

师：你们觉得它能不能用来做凸透镜，怎么做？

幼1：可以，像前面一样把水滴滴在上面。

师：还有什么其他办法？

幼2：要把水瓶灌满水。

师：为什么你觉得这样可以把水瓶变成凸透镜？

幼2：这样侧着看就像一个凸透镜。

3.分组实验，自由探索如何制作水瓶凸透镜。

教师介绍操作材料及要求：在操作台上我们新增了透明水瓶、水，如何用透明水瓶制作出一个凸透镜，请小朋友们一起来试一试。

4.集中交流实验结果。

师：你们成功制作出凸透镜了吗，是怎么制作的？

幼1：我滴了水滴在瓶子里。

师：你觉得你成功制作出凸透镜了吗？

幼1：没有，因为我没有看到爱心图案变大。

师：有水为什么不能制作出凸透镜呢？

幼2：他加的水太少啦，要加比较多的水。

师：那你们是怎么做的呢？

幼3：我的水瓶装了比较多的水就能做出凸透镜。

幼4：我装完了水，把瓶子放平，水就像一面镜子一样。

师：你们怎么知道你们做的凸透镜是成功的？你们透过水瓶凸透镜看记录表

上的爱心图案，它有什么变化？

幼（一起答）：爱心图案变大了。（见图6）

5. 利用PPT展示视频，梳理实验过程和结果。

6. 梳理小结：瓶子上藏着凸透镜的秘密，透明水瓶灌满水，从侧面上看符合凸透镜的形状特征，所以它能放大物体，我们能看到更清晰的图案。

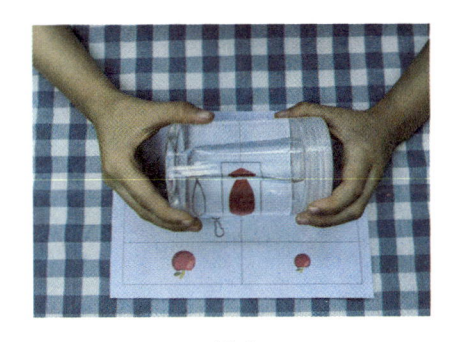

图6

四、观看课件，了解凸透镜在生活中的其他应用

引导语：今天我们一起用透明塑料盖子、透明水瓶制作了凸透镜，让我们一起来看看生活中还有哪些凸透镜。

1. 播放PPT"生活中的凸透镜"。

2. 除了刚刚我们看到的物品，生活中还有哪些物品可以用来制作凸透镜呢？让我们回家跟爸爸妈妈一起找一找。

活动延伸

1. 在科学区投放塑料膜、纸杯、笔、纸条、橡皮筋、滴管等材料，（见图7）引导幼儿按照步骤：①在纸杯上开两个对应小窗；②在纸条上点2个点；③用橡皮筋把塑料膜固定在杯口上；④用手指朝杯内方向轻轻按压塑料膜；⑤用滴管将水滴在塑料膜上。按照以上步骤就可以制作一个简易水制放大镜，（见图8）幼儿可以利用放大镜看不同的物体并记录下物体的像的变化。

图7　　　　　　　图8

2. 家园共育：请家长和孩子一起利用自制的水制放大镜完成"聚光点火"小

大班科学活动　163

实验，并和孩子一起寻找凸透镜在生活中的其他应用。

教师思考

　　科学经验是幼儿科学教育的起点。活动一开始，教师利用两个问题唤起幼儿对凸透镜的已有经验，继而引导幼儿通过观察、触摸，直观地发现凸透镜镜片形状中间厚、边缘薄的特点，为后续进一步探究、制作做好铺垫。在第二环节中，教师引入新材料，引发幼儿将透明塑料盖子和放大镜进行外形对比，巩固幼儿对放大镜的外形认知经验，同时有意利用幼儿不同的猜测设置"陷阱"引发认知冲突，有效地激发幼儿探究兴趣，更好地促使幼儿在对比中验证猜想，在纠错中观察、理解水滴能放大物体。在第三环节中，幼儿带着第一次使用透明塑料盖子观察实验的经验继续用透明水瓶制作凸透镜，第二、三环节从材料到要求上都体现层层递进，让幼儿从猜想"它和中间厚、边缘薄的凸透镜外形一样吗"到实验，在已有经验基础上的再思考、再迁移。科学教育和幼儿生活有着紧密联系，在活动的最后，教师利用PPT展示生活中常见的物品，让幼儿有效地延伸了生活经验，达到科学来自于生活、回归生活的教学目的。

活动评析

　　1. 目标精准。考虑幼儿原有的经验水平和现有的理解能力，注重让幼儿通过自己的探究、在自己的经验水平上初步感知凸透镜中间厚、边缘薄的外形特点和凸透镜基本的成像特点。

　　2. 举例精妙。活动中教师有意利用幼儿错误的操作、错误的理解设置"陷阱"和"冲突"激发其探究兴趣，引发幼儿进行对比、验证，在纠错中观察、学习，从而理解、巩固放大镜的外形特点和放大物体之间的关系。

　　3. 提问精炼。教师提问简单、有针对性，在关键处、延伸处进行提问，利用提问搭设幼儿的已有经验、材料和活动的关键经验的桥梁，激发幼儿深入探究。如提问"你们成功制作出凸透镜了吗，是怎么制作的""通过水瓶凸透镜看记录表上的爱心图案，它有什么变化"，引导幼儿在后续讨论交流中不只关注制作凸透镜的结果，也关注到凸透镜用于放大物体的作用。

　　4. 材料精简。活动中所用的材料不多，能反复使用，但探索、操作都是自主、开放、有效的。如记录表既是用于对比的操作材料，又是用于记录实验结果的表单。

3 影子的秘密

设计者：纪晓君（厦门市同安区洗墨池幼儿园）
评析者：陈　舒（厦门市同安区洗墨池幼儿园）

活动由来

户外活动时，孩子们自发玩起了踩影子的游戏。有几个小朋友问："老师，影子是怎么形成的？为什么有的地方有影子，有的地方没有影子？"《幼儿园教育指导纲要》中明确指出："幼儿的科学教育是科学启蒙教育，重在激发幼儿的探索兴趣和探索欲望。"关于影子，幼儿有强烈的好奇心和求知欲望，探索影子的秘密最好的方法就是让幼儿亲自去做一做，看一看，玩一玩。因此，针对幼儿这一特点，教师设计了本次活动，引导幼儿通过动手操作、直接感知、亲身体验，发现影子的各种有趣现象，感受影子带来的乐趣。

活动目标

1. 了解影子形成的条件。
2. 发现影子的变化与光和物体的距离、位置的关系。
3. 感受光影原理实际应用的魅力，萌发对影子的好奇心和持续探究的欲望。

活动准备

1. 经验准备：玩过与影子有关的游戏，如手影游戏等。
2. 物质准备：多媒体、投影仪、操作音乐、手电筒、操作材料若干、记录卡等。

活动过程

一、情境导入，激发幼儿探索的兴趣

教师提出问题，引发幼儿探索影子产生条件的兴趣。

引导语：森林里出现了一道神秘的光圈照在墙上，墙上出现了什么呢？（见图1）

幼1：一只手的影子。

幼2：不是手，好像是两只小兔的影子。

师：原来是两只小兔肩靠肩在一起的影子呀，真有趣。看，这次墙上出现了什么？我们来看看到底是谁的影子？（见图2）

图1 　　　　　　　　　　　　图2

幼3：是一棵大树的影子吧？

幼4：我看到有小兔的影子啊。

幼5：不对，是大家都站在大象身上呀。

师：原来小动物们都站在大象的身上完成了高难度动作，变出了像一棵大树的影子。为什么会有影子呢？影子产生需要什么条件呢？

幼6：肯定要有光！

师：大家都觉得有光就会有影子吗？那我们一起来验证一下大家的猜想是否正确。

二、自主探索，了解影子形成的条件

1. 幼儿操作观察，探索影子是怎样产生的。

教师提供了手电筒、透明物体和不透明物体若干，（见图3~4）供幼儿操作探索。

师：请小朋友把每样材料都试一试，看看它们都有影子吗？（见图5）

图3 　　　　　　　　　图4 　　　　　　　　　图5

2. 幼儿讨论交流，自由探索影子形成的原因。

师：你是怎么帮助物体找到影子的？

幼1：打开手电筒，光照在板上，没有影子；让光照在物体上，影子出现在板上。

幼2：关上手电筒就没有影子了。

师：所有的材料都有变出影子吗？

幼3：我发现这个过塑纸没有变成功。

师：为什么过塑纸在光照下没有影子，而卡纸做的小猪、蝴蝶等玩偶在光照下能产生影子？

幼4：因为过塑纸是透明的，不能挡住光线。

3. 梳理小结：因为有光，光照射在物体上，不透明的物体挡住了光线，光线穿不过去形成阴影，这就产生了影子，透明的物体挡不住光。我们会发现，光、影和显影物是好朋友，有光的地方，通过显影物就能看到各种各样奇妙的影子。

三、再次探索，发现影子的变化与光和物体的距离、位置的关系

1. 引导幼儿探索怎样使积木影子变大或变小。

师：刚才我们通过操作知道物体挡住光线就能产生影子，可以用什么方法让影子变魔术呢？

2. 观察比较，感知不同角度的光照在积木上产生的影子也是不同的。（提供材料见图6~7）

图6 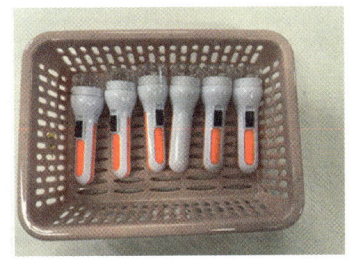　　　　　　　　　图7

大班科学活动　167

引导语：现在我们再来玩一玩，用手电筒从不同距离、角度来照一照积木，看看它们的影子有什么变化。

3. 结合操作材料，记录操作结果。

影子形状记录表

🖐		
🔦		

备注：用喜欢的符号和样式画出影子的方向、大小和长短。

师：把你的发现用自己喜欢的方式记录下来，并在展板上展示，与同伴分享。

4. 交流、判断，验证操作结果。

师：你是用什么方法让积木影子变魔术的？

幼1：我把手电筒打开，发现越靠近积木，积木的影子就越大，手电筒离积木越远，影子就越小。

幼2：对，灯光不动，积木近，影子就大，积木远，影子就小。

幼3：手电筒的光和积木一起动起来，积木的影子就像在跳舞了。

师：有小朋友发现影子的大小与光源离物体的远近有关，那从不同角度照，影子的大小和方向有变化吗？

幼4：光照在积木上方，影子小；光照在积木旁边，影子大。

幼5：我发现手电筒照积木的左边，影子在右边；手电筒照积木的右边，影子居然在左边。

幼6：我发现了影子的方向和光的方向是相反的。

5. 梳理小结：影子的大小与光源离物体的远近有关，光源离物体近，影子就大，光源离物体远，影子就小。（见图8）而影子的方向与光源的方向是相反的，光源在左，影子在右；光源在右，影子在左。（见图9）

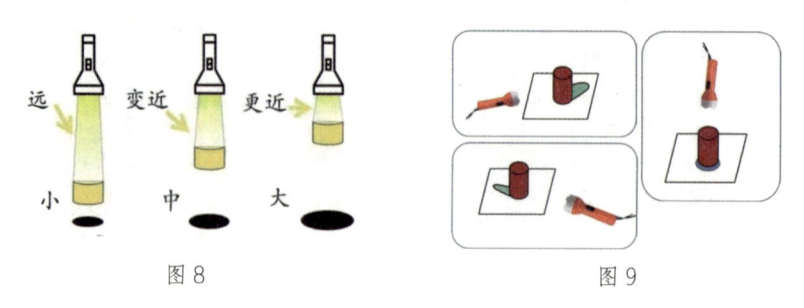

图8

图9

四、回归生活，感受光影实际应用的魅力

1. 让幼儿感受光影原理的应用。

师：你们知道生活中有哪些地方利用了光影的原理吗？

幼1：我去电影院看电影，电影是用投影仪播放的。

幼2：我去看过手影表演呢，非常神奇。

幼3：我跟奶奶一起去看过皮影戏。

师：你们知道的可真多！现在我们一起来看看视频里还介绍了哪些光影原理的运用。

2. 梳理小结：人们用光影的原理发明了电影；工程师使用高楼的影子计算出高楼的高度；科学家用山峰的影子计算出山峰的高度；艺术家用光影的原理发明了一种很有趣的皮影戏。

3. 讨论：影子在生活中会造成哪些不便？

4. 梳理小结：在我们的生活中，影子每天都会出现在我们身边，会给我们带来很多乐趣，比如手影游戏、皮影戏等。但是影子也会给我们的生活带来一些不便，比如我们写字时影子会投影到本子上，影响我们写字；医生在做手术时，影子会让医生看不清楚病人的患病处，所以科学家就发明了一种无影灯，在这种无影灯下影子就没有了。怎么让影子消失呢？大家接下来也可以试试挑战解决这个问题。

活动延伸

1. 区域活动：在科学区投放各类光影材料，让幼儿继续探究光与影的关系。

2. 家园共育：鼓励幼儿与家长一起制作皮影戏；在大自然和生活中寻找、发现更多的光影秘密，如画大自然的影子、测量影子等。

教师思考

幼儿已经对影子有了前经验，明白影子的形成原因，在活动过程第一、二环节中，教师帮助幼儿梳理了影子形成的三要素，所以活动重点落在了感知光和影子的位置关系。

活动开始，教师通过故事情境"猜影子"游戏，让幼儿观察并大胆做出猜测，增添了活动的趣味性，调动了幼儿的积极性。第一次探索活动中，幼儿在打开手

电筒和关上手电筒之间探索影子形成的原因，获得直接经验，并在教师的支持下，重新组合自己的认知结构。第二次探索活动是幼儿与材料、环境的互动，幼儿通过实际操作，观察比较，感知不同距离、角度的光照产生的影子是不同的。在操作记录这个小环节时，教师根据幼儿的能力差异，提出不同的要求，能力强的幼儿可以在操作卡上直接记录，能力弱的幼儿通过再次操作后记录。如果幼儿操作后的讲述不明确，对不同角度光照后影子形状的变化观察不敏锐，教师可以将这个环节调整为让全体幼儿再次操作一遍，在操作的过程中完成记录卡。最后科学活动回归生活，旨在让幼儿感受光影原理的实际应用。

活动评析

1. 选材内容的生活化。

教师抓住随时可捕捉到的影子这一教育资源，和幼儿一起探索影子，和影子做游戏，共同发现影子的变化与事物间的联系，继而了解影子与人们生活的关系，也让幼儿知道光影原理在生活中的运用。

2. 教学活动的游戏化。

活动中，教师很好地把握住幼儿的兴趣点，运用游戏这一幼儿特有的、最有效的学习方式，以丰富而又有趣的游戏情境贯穿整个活动。如在导入部分，采用了故事情境与幼儿互动的方式，直接引出了影子的主题，把幼儿迅速带入影子森林的故事情境中，引发幼儿的探索兴趣。在第一次探索光与影子的关系环节中，教师从幼儿的认知出发，让幼儿交流刚才实验中发现的秘密，畅所欲言，发展语言和思维的同时引发了幼儿对影子位置、大小变化的兴趣，从而引发第二次探索的兴趣。和影子玩游戏、找积木影子、影子变魔术等游戏环节中，幼儿在玩中观察与探究影子的产生、影子变戏法的秘密等问题，在多次的游戏体验中，获得关于影子现象产生和变化的丰富经验。在第二次探索操作环节中，建议可以提供更多开放式的材料，不局限于积木，让幼儿自主选择材料，多角度感知、探索光和影子的位置关系，材料的选择是让幼儿的合作方式可以更多样化。

3. 教学手段的多样化。

活动中，教师巧妙运用皮影戏道具、多媒体技术、活泼多样的教学形式，突出幼儿直接感知、实践操作、亲身体验的过程。教师灵活运用集体、小组、个别化活动形式引导幼儿探究影子，幼儿容易接受在"做中学"的活动形式，并在观察与实验中，能主动获取相关的科学知识及属于自己的感性经验等。

4 巧妙连接

设计者：陈懿晞（厦门市同安区祥平中心幼儿园）
评析者：李明月（厦门市同安区祥平中心幼儿园）

活动由来

水杯的把手掉了，孩子们就你一言我一语地讨论着怎么样才能让把手跟杯子连接在一起，有的幼儿建议用双面胶连接，但是连接后遇水就会脱落，有的幼儿提议用胶枪进行连接，结果也是不牢固……由此引发了幼儿探讨各种连接的问题。《幼儿园教育指导纲要》指出：科学教育应密切联系幼儿的实际生活进行，利用身边的事物与现象作为科学探索的对象。基于大班幼儿对科学有着很强的探究欲，教师开展了关于连接的活动，引导幼儿感知连接为生活带来的便利，帮助幼儿理解和迁移经验，解决生活中的问题，激发幼儿观察、探索周围事物的兴趣，促进幼儿在科学活动中的深度学习。

活动目标

1. 会用各种方法将不同的物体连接起来，并用简单的符号记录自己的发现。
2. 会观察不同连接物的秘密，愿意与同伴分享自己的发现。
3. 了解连接在生活中的作用，感受科技带给人们生活的便利。

活动准备

1. 经验准备：在生活中有接触过连接的经验。
2. 物质准备：轨道积木、大小不同的管道及管道连接器、螺丝、螺母、海绵地垫连接条、大小不同的灯泡、灯泡底座、数据线、充电器插头、不同花纹的瓶

大班科学活动

盖、瓶子，（见图1）记号笔、便笺记录纸每人1份，统计记录板1块。

图1

活动过程

一、观看视频，发现问题

1. 观看视频，知道连接。

师：视频中发生了什么事？

幼1：水杯的把手掉了。

幼2：小朋友们在讨论用什么东西把水杯的把手连接起来比较好。

师：视频中出现了连接的问题，今天我们就一起来探索连接的秘密吧！

2. 说说生活中的连接，初步了解什么是连接。

师：生活中什么物体能连接在一起？

幼1：雪花片可以连接起来。

幼2：水管可以连接起来。

幼3：瓶子跟瓶盖可以连接起来。

幼4：积木可以连接起来。

幼5：积木不能连接起来，是搭起来的，因为积木轻轻一碰就倒了。

3. 梳理小结：雪花片可以相互连接起来，水管也能连接起来，矿泉水瓶跟瓶盖也能连接，但是积木就不能连接，因为它轻轻一碰就倒了，连接要有一定的稳固性。

二、第一次操作，初步探索，发现连接的方式

1. 尝试操作，寻找不同的连接。

师：你们见过这些东西吗？（见图2）仔细观察它们，并试一试可不可以把它们连接起来，并用简单的符号记录连接方式。

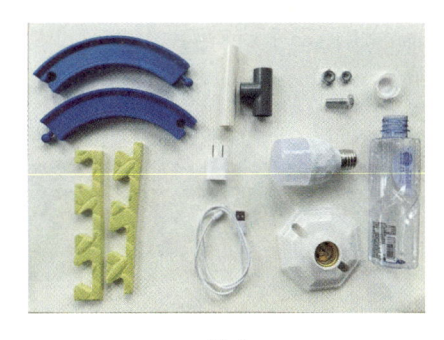

2.幼儿操作探索，教师巡回指导。

师：你玩的是什么？你是用什么方法使物体连接起来的？有几种连接方式，你记录下来了吗？

3.引导幼儿结合记录表，说说自己发现的连接方式。

图2

师：你在探索的过程中发现了几种连接方式？

幼1：我把水管和连接器插在一起，它们就连接上了。（见图3）

幼2：我把数据线插在充电器插头上，它们就连接在一起了。（见图4）

幼3：我试了灯泡，发现用旋的方式就能将灯泡跟灯座连接起来。（见图5）

幼4：我发现螺丝跟螺母可以连接起来，瓶子跟瓶盖可以连接起来。（见图6~7）

图3    图4    图5

图6    图7

幼5：我玩了轨道积木，发现轨道积木是一个凹，一个凸，需要一个在上面，一个在下面才能拼接起来。（见图8）

幼6：我发现了海绵地垫连接条是需要从上下两个方向同时拼接才能连接起

大班科学活动   173

来。（见图9）

图8　　　　　　　　　　　图9

师：那你们用简单的符号将这些连接记录下来吧。

4.梳理小结：通过操作，我们发现了管道和管道连接器、充电器插头跟数据线是通过插接的方式连接的，（见图10）这样的连接方式称为插接连接；灯泡和灯泡底座、螺丝跟螺母、瓶子跟瓶盖是通过螺旋的方式连接起来的，（见图11）这样的连接方式为螺纹连接；轨道积木、海绵地垫条的连接方式跟其他物体的连接方式不同，它们通过凹凸结合的方式连接，（见图12）这种方式叫做镶嵌连接。

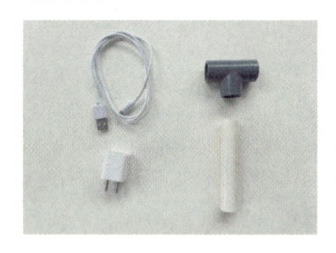

图10　　　　　　　图11　　　　　　　图12

5.自主分类展示记录，通过校验梳理连接方式。

连接的方式有3种，梳理操作中的发现，将自己的记录贴在汇总板相应的地方。

三、第二次操作，细致观察，寻找连接的秘密

1.再次探索，观察了解连接的秘密。

师：这次我们要探索更多连接的秘密，你们猜这些材料能连接起来吗？（见图13）

幼1：肯定能。

幼2：我觉得不能。

师：请动手试一试，可以通过摸一摸、看

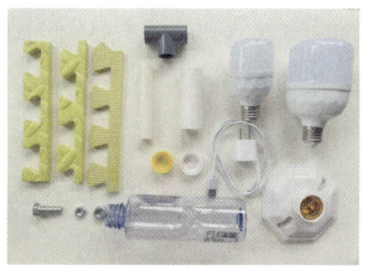

图13

一看等方式发现连接的秘密。

2.幼儿操作,教师巡回指导。

师:你发现了连接的什么秘密?为什么有的可以连接在一起,有的连接不了?

3.幼儿结合实物分享发现,并联系生活了解连接的作用。

师:你操作的是哪种材料,都能连接起来吗?

幼1:我发现白色的瓶盖可以跟瓶子连接起来,但是黄色瓶盖不可以。

幼2:充电器插头跟数据线的插头是一半空心、一半实心的,里面有凸起的地方。

幼3:我发现一大一小的灯泡都可以和灯泡底座连接起来。

幼4:海绵地垫连接条有的可以连接在一起,有的不能。

幼5:细管道可以跟管道连接器连接起来,但是粗的管道就不行。

幼6:螺丝跟其中比较大的螺母能够连接起来,小的螺母就不可以。

师:为什么有的可以连接起来,有的却不可以呢?你发现了连接的什么秘密?

幼6:我发现了黄色瓶盖里面的螺纹和白色瓶盖的不一样,所以黄色瓶盖就没办法和瓶子连接起来。(见图14)

幼7:海绵地垫连接条有的是一样大小的,有的是不一样的。(见图15)

幼8:我发现海绵地垫的连接口是一边大一边小的,这样连接起来比较牢固。

幼9:灯泡虽然有的大、有的小,但是灯泡的连接处螺纹是一样的,而且连接处大小一样,跟灯泡底座可以连接在一起。(见图16)

图14　　　　　　　　图15　　　　　　　　图16

幼10:灯泡的大小跟连接处没有关系,所以大小灯泡可以跟同一个灯泡底座连接在一起。

幼11:管道有的粗,有的细,细管道能跟管道连接器连接起来,粗的管道和连接器插在一起,因为有空隙就不能连接在一起。(见图17)

4. 梳理小结：两个物体能不能连接在一起，要看连接处的结构，不是看物体的大小、粗细等。充电器里面有特别的凸起，这个设计能够使它与数据线插头连接更加牢固。（见图18）

图17

图18

四、经验拓展，了解应用

师：今天我们了解了几种常见的连接方式，并发现了这些接口中特别的设计。其实，在日常生活中到处都有连接，让我们通过视频来感受一下吧。

幼儿观看视频。

梳理小结：这些连接大大地改变了我们的生活，让我们的生活更加便利。

活动延伸

1. 区域活动：将连接材料投放到科学区，让幼儿继续探索连接的秘密。
2. 家园配合：请家长和幼儿共同寻找连接的物体，拓展幼儿的经验。

教师思考

幼儿对于连接的经验是零散的，基于此，教师先通过提问生活中的连接物体，帮助幼儿梳理小结，引导幼儿认知连接，知道连接具有稳固性，为后续的科学探究做好经验的铺垫。以科学探究态度为核心的科学精神旨在让幼儿乐于探究科学。教师通过提供几种常见的材料，给予幼儿充足的时间，引导幼儿通过实际操作习得科学知识，在探究过程中找到合理的连接方式，从而习得螺纹、插接、镶嵌等连接方式，获得科学经验，充分感知连接方式的多样性，在幼儿已有的经验基础上推进幼儿对连接的探究。在第二次操作中，教师在第一次操作的基础上，提供不同的贴近幼儿生活的连接材料及辅助材料，幼儿通过猜想、观察、操作、比较发现物品连接处的秘密，教师以此引导幼儿发现连接处的细微区别。在分享环节，教师帮助幼儿梳理小结，提升幼儿的经验。

活动评析

1. 选材有价值，体现生活化教育理念。

该活动将幼儿生活中随处可见的连接现象作为集体教学活动的内容，幼儿对此内容有相关的生活经验，也比较感兴趣，较好地体现生活化的教育理念。活动中，教师准备的材料均为生活中常见的物品，这些材料贴近幼儿生活，幼儿通过操作这些材料，学会解决生活中的问题。

2. 目标定位具体，达成度较高。

三个活动目标表述具体，本次活动较好地完成了教育教学目标。目标体现了《幼儿园教育指导纲要》和《指南》的精神，让幼儿在动手、动脑中进一步形成积极的科学认识，提升科学探究能力，积累有关连接的经验。

3. 环节设计好，环环相扣，层层深入。

教师的设计意图明确，期望通过这样的活动激发幼儿探索周围事物的兴趣，提高幼儿的动手能力，学会解决生活中的问题。活动中很好地体现了以下几个环节：回顾经历—幼儿已有经验的表达—实际操作尝试不同的连接方式—分享操作过程—了解连接的秘密—了解连接在生活中的作用。

4. 理念正确，鼓励幼儿通过实验操作解决实际问题。

整个活动过程中，教师鼓励幼儿探究不同的连接方式，支持和引导幼儿记录事实，整理信息，并为幼儿提供机会进行交流，较好地促进了幼儿科学探究能力的发展。

5. 建议。

活动中就幼儿在操作过程中出现的具体问题予以有针对性的引导，幼儿的探究体验将更加深入，收获也会随之增大。

5 小船的承重

设计者：庄燕婷（厦门市同安区西柯中心幼儿园）
评析者：林碧凤（厦门市同安区西柯中心幼儿园）

活动由来

幼儿在戏水区玩纸船的游戏中，发现纸船可以变成垃圾清运船、沙船和货船，能载货物。但是同样的纸船有的载重多，有的载重少，这是为什么呢？纸船到底可以装多少重量的货物？为了让幼儿了解为什么有的纸船能承载很多货物，而有的纸船装了一点货物就沉入水里，从而了解纸船的平衡与货物摆放位置和方法的关系，以及纸船的底部大小与纸船承重的关系，启发幼儿利用已有的科学经验更好地解决游戏中的问题，教师生成了本次活动。

活动目标

1. 感知纸船的平衡与物体摆放位置和方法有关。
2. 能观察比较纸船底部大小对承重量的影响。
3. 乐于分享在实验中的发现，并进行记录。

活动准备

1. 经验准备：幼儿有在水里玩纸船的经验。
2. 物质准备：透明容器、记录表、螺母（盒装）和抹布人手一份，不同造型的船若干；（见图1）玩纸船的游戏视频课件。

图1

> 活动过程

一、视频导入，激发活动兴趣

引导语：视频中的小朋友在玩什么？他们是怎么玩的？

幼1：我看到有两个小朋友在玩用纸船装玻璃珠的游戏。

幼2：我看到男生的纸船载的货物比较多，女生的纸船载得比较少。

幼3：女生说她的纸船载的玻璃珠少反而沉下去了。

师：为什么会这样呢？你们猜猜看。

幼4：可能是放的时候太用力了。

幼5：女生是把玻璃珠一整把放下去的，小船一下子变重了，就沉了。

师：那怎样才能让纸船不沉下去呢？

二、初次实验，感知纸船的平衡与货物摆放位置和数量的关系

引导语：今天，老师带来了一些纸船和螺母，要请小朋友们来挑战纸船载螺母，看看谁的螺母摆放的和别人不一样，载的螺母最多。你们想不想挑战？

1. 提出活动要求：请小朋友先拿一只纸船放在水里，再往纸船里放螺母；当纸船沉下去后，把螺母最后摆放的样子画在记录表上的小船里；再数一数放了几个螺母，用数字记录在小船的旁边；用完的材料要放回原来的位置；如果玩的过程中手或者桌子湿了，不要担心，可以用桌上的抹布擦一擦；记录完的小朋友把记录表贴在黑板上，然后可以和身边的小朋友说一说你是怎么摆放的；3分钟时间一到，请所有的小朋友回到位置上。小椅子不拿，开始去玩吧。

2. 操作实验并记录。（见图2~4）

图2　　　　　　　　图3　　　　　　　　图4

3. 分享交流：你的纸船载了几个螺母？你是怎么摆放的？

幼1（边指着记录表边答）：我是一个一个放的，我放了7个螺母。

大班科学活动

师：他是用一个一个地放的方法，放了7个螺母。谁的方法和他一样，但是放的螺母数量比他多呢？

幼2：我是从左往右一个一个放。

师：为什么他放了14个，比前面一个小朋友放得多？

幼3：他们放的位置不一样。

师：他们放的方法一样，但是位置不一样，最后螺母的数量也不一样。还有没有比他更多的？你13个，你14个，还有比14个更多的吗？14个最多，你是怎么摆放的呢？

幼4：两只手同时抓一个螺母，一起放。

师：两个两个同时放下去，先中间，后两边。放的方法不一样，顺序也不一样。为什么要这样放呢？

幼4：这样纸船比较不会摇晃。

师：两个两个对称放，纸船可以保持平衡。你这个方法很好！还有谁的方法不一样？你放了几个？你是怎么放的？

幼5：我在下面放了一层，上面又放了一层。

师：先把下面放满了，再往上叠。你们看他放了几层？放了两层呢，所以放的螺母数量也很多。

4. 梳理小结：原来，往纸船里放螺母的时候，可以一个一个或两个两个地放，也可以一排一排地放，可以对称地放，可以平铺着放，也可以叠高着放。所以，纸船摆放螺母的方法和位置不一样，载的螺母数量也可能不一样。

三、再次实验，观察比较纸船底部大小对纸船承重的影响

引导语：还想不想继续挑战？今天老师又带来了两只纸船，这两只纸船和刚刚的纸船有什么不一样？我们把前一只纸船命名为1号船，这两只分别命名为2号船和3号船。

幼1：1号船和2号船两边有尖尖的角，3号船没有。（造型不一样）

师：还有吗？

幼2：3号船看起来比较大，1号和2号船看起来比较小。（大小不一样）

1. 提出活动要求：请小朋友把这3种纸船都拿去试一试，看看你有什么方法可以让这3只纸船载的螺母更多，比一比哪只纸船载的螺母最多！当纸船沉下去后，把螺母最后摆放的位置和螺母摆放的样子画在记录表上，并数一数载了多少

螺母，用数字记录下来，再去试另外一只小船。时间只有 5 分钟，看看谁能够在规定的时间内完成 3 只纸船的挑战并完成记录表，记录完的小朋友把你的记录表贴在前面的黑板上，然后回到位置上和身边的小朋友互相交流一下。

2. 操作实验并记录在下表中。

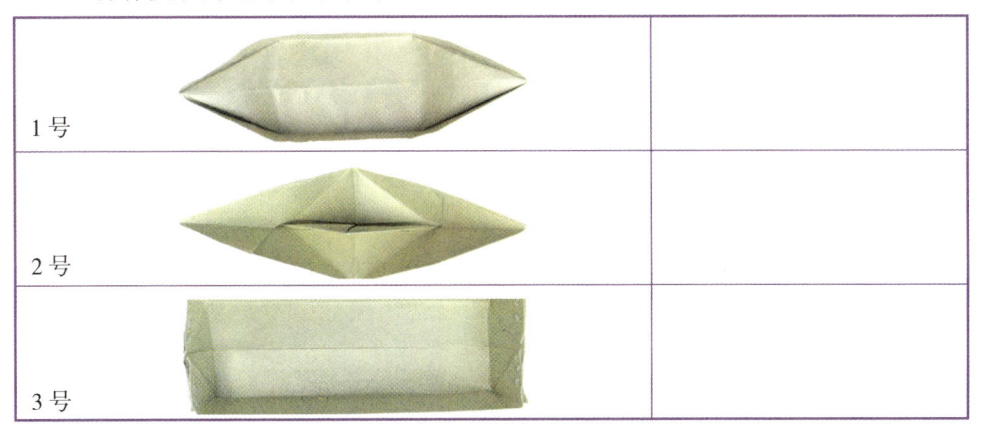

1号		
2号		
3号		

3. 分享交流。

引导语：你的几号纸船载得最多？你是怎么摆放的？其他两只纸船是怎么摆放的？你有什么发现？

幼1：1号纸船载了10个，2号纸船载了4个，3号纸船载了13个。

师：哪只纸船载得最多？

幼1：3号纸船。

师：你的3号纸船是怎么放的？

幼1：一个一个放的。

师：一个一个地放，3只纸船用的方法一样吗？你的2号小船是怎么摆放的？

幼1：2号是两个同时放下去。第一次试的时候，把螺母都放在了一边，只放了2个。又试了一次，两手各抓了两个螺母，两边同时放，就放了4个。

师：为什么这么放呢？

幼1：这样可以让纸船保持平衡。

师：两个两个对角放，小船更能保持平衡。还有谁有不一样的方法？你的几号纸船载得最多？你是怎么摆放的？

幼2：3号纸船载了20个螺母，我是用一层一层往上叠的方法摆放的。

师：你的2号纸船放了几个？

幼2：2号纸船放了3个，1个1个地放，放到第3个就沉下去了。

大班科学活动

师：2号小船的摆放方法与3号小船不一样，数量也不一样。刚才你们玩了3只小船，你们发现几号小船载得最多？你是3号纸船，你也是3号纸船，哇，大家都说是3号纸船，为什么3号纸船载得最多？

幼3：3号纸船更大。

师：什么地方大？

幼4：3号纸船的底部面积最大，空间也最大，载的螺母就更多。

4. 梳理小结：纸船摆放的位置和方法一样，底部面积越大的纸船载的螺母越多；底部面积不一样的纸船，想要载更多的螺母，就要选择更合适的摆放方法和位置。

活动延伸

把一些纸船投放到区域中，小朋友们玩科学区或者户外玩水游戏时，可以继续拿纸船玩一玩，让幼儿继续探究纸船还能载什么不一样的物品，还有哪些好办法。（见图5）

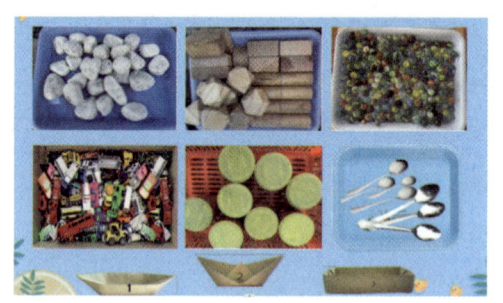

图5

教师思考

1. 活动内容来源于幼儿游戏中的真问题，是幼儿多次尝试无果后发现的问题，也是幼儿感兴趣的问题，符合幼儿的真需要。

2. 活动材料具有针对性和探索性。活动中使用的纸船、螺母、水等材料是根据游戏中遇到的问题搜集的极具针对性和探索性的材料，便于问题的探索解决，也有利于后续其他活动的拓展。

3. 活动过程宽松、自主。在导入环节，注重引导幼儿从游戏视频中发现问题，通过幼儿的猜想，了解幼儿的已有经验，激发了幼儿玩纸船载物、探究纸船所载物体多种摆放方法的兴趣，为后续的探究做好经验的铺垫；在动手操作环节，给幼儿提供充分的观察、操作的时间,提供充分的表达表现的机会,让幼儿大胆表达自己在探索中的发现,倾听同伴想法,获取学习资源,教师加以适时的启发引导、经验梳理,解决小船侧翻和容易沉下去的问题。

4. 不足之处:在目标定位上,虽然活动内容的材料是螺母,但是目标的定位应该是物品。在操作中,幼儿都是放完了所有的螺母再记录,容易遗忘放的顺序。可以改成三人一组,三人一起在纸船上放螺母,一人放一个,直到纸船沉下去。这样既可以增加同伴间的合作,同时也增强对螺母摆放的记忆,以便更好地记录。

活动评析

1. 材料严谨,便于观察。

透明容器确保了实验的直观性,便于幼儿观察,透明容器上的刻度保证了每份装水容器里水的体积相同,减少实验的变量;螺母作为重物,保证了材料的统一。

2. 活动有趣,积极探究。

幼儿对挑战纸船的承重量十分感兴趣,参与的热情高涨。在每一次挑战纸船承重多少颗螺母过程中,通过不断调整螺母的摆放位置和方法,幼儿能感知小船底部面积的大小和货物摆放的位置的联系。幼儿对老师和同伴提出的问题能积极回应,大胆表达自己在探索中的发现,能注意观察同伴在挑战游戏中的表现,倾听同伴想法,获取学习资源。整个活动中师幼互动、幼幼互动良好。

3. 氛围自主,引发学习。

每一次幼儿的猜想,教师都能给予尊重,并给足幼儿验证猜想的机会。在两次操作中,幼儿能自由自主地选择螺母的数量,大胆尝试,在宽松愉悦的探究空间和时间里与材料积极互动;在分享交流环节,幼儿能积极将自己发现的螺母摆放的方法和同伴以及教师分享,形成思维碰撞,构成了自主、宽松、平等的学习共同体。

4. 有效支持,获得经验。

教师充分利用材料与幼儿互动,先是通过大纸船和小纸船的对比,观察比较纸船底部大小对它的承重的影响,然后再挑战同样大小的纸船哪只可以装更多的螺母,让幼儿在紧凑有序、螺旋上升的环节中自主发现和表达,学会了货物平铺、对称性叠加等摆放方法,解决小船容易沉下去和侧翻的问题,获取经验。

6. 小车冲冲冲

设计者：陈晓红（厦门市同安区梧侣幼儿园）
评析者：邵海英（厦门市同安区梧侣幼儿园）

活动由来

在科学区域活动中，气球是幼儿经常使用的材料，幼儿会因为气球充气后"突然"飞走而感到兴奋，有幼儿说："你看，我的气球飞得比你高。"有幼儿回道："那是因为你的气球比较大。"幼儿发现了气球飞的高低与喷出的气流大小有关，可是他们并没有发现放飞气球时的方向是不同的。我们知道当气球里的气体喷出时，会产生一个和气体喷出方向相反的推力，但如何让幼儿理解这一原理呢？基于此，教师设计了本次活动。

活动目标

1. 通过动手操作，对反冲现象产生兴趣。
2. 初步了解什么是反冲运动及其特点。
3. 尝试利用气球喷出气体产生的反冲力量来驱动小车前进。

活动准备

1. 经验准备：幼儿已经学会用材料完成小车拼装。
2. 物质准备：接拼好的小车，气球、吸管、打气筒，（见图1）记录纸等。
3. 环境创设：提供足够的场地让小车行走。

图 1

活动过程

一、出示气球，激发幼儿的兴趣

1. 出示气球，师幼共同探索气球运动方向。

引导语：孩子们，你们看这是什么？请你们仔细看这个吹满气的气球，我松开手后，气球会朝哪个方向飞呢？

幼1：气球是向上飞了。

师：为什么气球会向上飞？我放开手时气球的口是朝哪个方向的呢？

幼2：气球口是向下，对着地板的。

师：气球口向下，气球向上飞了。当气球向上飞时，气球里的气体排到哪里去了呢？

幼3（演示后回答）：我感觉到了气球向上飞的时候，有风向下吹到我了。

2. 梳理小结：充满气的气球放开手后，当气球口向下时，气球里的气体会向下喷出，气球会向上飞。

二、自主探究，初步感知反冲力

1. 幼儿自主探索气球运动方向与气体喷出方向的关系。

引导语：刚才我们看到了气球会向上飞，那如果把气球口朝着不同的方向，气球会向哪个方向运动呢？小朋友去试一试看气球运动的方向和气体排出的方向一样吗？把结果记录下来。

2. 分享交流。

师：你把气球口朝着哪个方向，气球是怎么飞的？

幼1：我的气球口向上，放开后，气球就向下飞了，我感觉到有风向上吹到我了。（见图2）

幼2：我的气球是向左边飞了，因为气球的口是向着右边的，它们两个的方向是不一样的。

幼3：我也感觉到有风吹到我了，我的气球是向上飞了，我的气球口是向下的。（见图3）

图2　　　　　　　　　　　　　图3

3.梳理小结：充满气的气球放开手后，它会沿着不同的方向飞走，它运动的方向和气球口的方向、喷出来的气体方向是相反的。（如下表）

实验次序	气体喷出方向	气球运动方向
1	◯ ↓	◯ ↑
2	◯ ←	◯ →
3	◯ →	◯ ←
4	◯ ↑	◯ ↓

三、利用气球的反冲力让小车动起来，进一步感知反冲力的特点

1.出示小车，引导幼儿探索小车行走的方向。

引导语：刚才我们知道了气球会沿着喷出气体的反方向运动，今天我们来看看气球是否会带着小车运动，（出示带有气球的小车）等一会儿请小朋友去试一试，怎么样才能使小车有不同的运动方向？请你们把发现记录下来。（如下表）

实验次序	气体喷出方向	小车运动方向
1		
2		
3		
4		

2.结合记录表,鼓励幼儿大胆分享小车运动方向与气球摆放位置之间的关系。

引导语:谁来分享一下你的小车是怎样运动的?

幼1(边出示记录表边讲):我的小车可以向前走,因为我把气球套在吸管上。

师:你是把气球套在吸管的哪一边呢?

幼1:我把气球套在和小车头同一个方向的吸管上,气球口对着车尾,放开手,空气向车尾吹出,小车向前走。(见图4)

小结:把气球套在和车头同一方向的吸管时,气球口对着车尾(向后),气体向后喷出,小车就向前走了。

图4

引导语:还有谁的小车有不同的运动方向?

幼2(边出示记录表边讲):我的小车不仅可以前进,还可以后退,我用箭头来标示小车运动的方向。

师:为什么你的小车还可以前进、后退呢?

幼2:因为我的气球套在了吸管的不同地方,我先把气球套在了和小车头同一方向的吸管上,这时小车向前走了。可是当我把气球套在了与车尾同一方向的吸管上时,小车后退了。

师:后退时,你的气球口是对着车头还是车尾呢?

图5

幼2:气球口是对着车头的。(见图5)

小结:当把气球套在车尾方向的吸管上,气球口对着车头(前面)时,气体向前喷出,就推动小车后退了。

引导语:小车除了前进、后退,还有其他不同的运动方向吗?你又是怎么让小车沿着不同方向运动的呢?

幼3(手指方向):我的小车原本车头是向前的,可是当我放开气球口时,小车就向这边走了。

师:这是哪边呢?

幼3:这是右手这一边。

大班科学活动 **187**

师：有谁和他一样，小车向右边移动了呢？

幼4：我的小车也会向右边移动，因为我把气球套在了小车右边的吸管上，气球的口是对着左边的。（见图6）

师：为什么气球口对着左边，小车就向右移了呢？

幼4：因为气体从左边喷出来了，小车就会向相反的方向移动。

图6

小结：小车运动的方向和气体喷出的方向相反，气体从左边喷出，小车就会向右边运动。

师：有向左运动的小车吗？有这么多啊……你来分享一下你是怎么让小车向左边运动的。

幼5：我是把气球套在车身的左边吸管，气球口对着右边，放开气球，气体向着右边吹，小车就向左边移了。（见图7）

小结：将小车上的气球充满气，当松开手后，气体会从开口方向迅速排出，排出的气体会产生一种与排出方向相反的力，这种力就叫反冲力，从而推动小车向相反的方向运动。（如下表）

图7

实验次序	气体喷出方向	小车运动方向
1	↓ 向后	向前
2	← 向左	向右
3	→ 向右	向左
4	↑ 向前	向后

188　幼儿园科学活动优秀案例精选

四、认识生活中的反冲现象

1. 引导语：在我们的生活中其实还有很多这种反冲现象，你们还知道哪些地方运用了反冲力吗？

幼1：我在电视上看过火箭向上发射的时候，会有一股像烟的气体向下喷出。

幼2：我也是，我看过喷气式飞机也是这样的。

2. 梳理小结：是的，在我们的生活中，喷气式飞机、火箭都是靠喷气发动机产生的反冲力驱动的；火箭、烟花、乌贼等也是靠反冲力运动的。（见图8）

图8

活动延伸

1. 区域活动：提供大小不同的气球，让幼儿自主探究不同大小的气球和推动小车运动距离的关系。

2. 家园共育：了解更多关于运用反冲现象的事物。

教师思考

1. 活动环环相扣，引导幼儿了解反冲力特点。

活动分四个环节，在第一个引入环节中，利用在科学区经常使用到的气球，让幼儿初步感知了气球的运动方向和气体的喷出方向相反，并且设下疑问引发幼儿后续的探究；接着在第二个环节中，针对幼儿的兴趣，让每个幼儿能够有目的地对气球的运动方向和气体喷出的方向进行观察，从而让幼儿体会到反冲现象，为后续的环节进行铺垫；在第三个环节中，更进一步帮助幼儿了解了反冲力的特点，因为气球的变化较为快速，幼儿观察比较困难，因此该环节利用小车行驶方向的可视性，调动幼儿的自主探究兴趣，进而让幼儿再一次直观感受反冲力的特

大班科学活动

点。最后一个环节落脚于生活中,让幼儿了解到更多反冲现象在生活中的运用,通过该活动,引导幼儿多关注生活中的反冲现象以及进行持续的探究。

2. 活动探究性强,促进幼儿自主体验实践。

在整个活动中,幼儿对于探究充满了兴趣,对于反冲现象的感知与认识也由抽象到具体。本活动充分解决了幼儿对科学原理理解的困难,两次自主探究让反冲力的科学原理变得浅显易懂。

活动评析

1. 该活动关注航天科技,取材新颖。

随着我国科技水平的不断提升,幼儿对于火箭发射也不再陌生。教师通过本次活动让幼儿对于火箭发射的原理有了一个初步的认识,从而对反冲现象产生兴趣。

2. 本活动充分展现了教师的智慧。

活动中通过层层的操作,让幼儿在一次又一次的自主探究中感受到了看不见、摸不着的气体和物体运动方向之间的关系,将复杂的反冲力科学原理深入浅出地给幼儿讲明白了。

3. 幼儿在玩中学,学中玩。

在活动中教师让幼儿亲自参与活动,激发了幼儿的探究兴趣,教师淡化了以传授反冲力知识为重点的教学,让幼儿在"猜测—验证—得出结论"过程中获得感受、体验与内化,知道了小车的运动方向与气体喷出方向的关系,进而顺利理解了反冲现象,也知道了一些生活中的反冲现象。

7 会运水的吸管

设计者：陈　鹭（厦门市同安区实验幼儿园）
评析者：周维维（厦门市同安区实验幼儿园）

活动由来

气压虽然看不见，但气压差引发的科学现象却是常见的，如不借助泵而抽吸液体的虹吸现象。在之前的游戏中，幼儿尝试用吸管运水，促使幼儿关注到了在气体（空气）与液体（水）的压力差共同作用下的吸水现象，吸引了幼儿继续探究的兴趣。而水桶里有多少水、拿吸管的姿势、堵吸管的方法、放吸管的顺序，甚至吸管的造型，都会影响到"自动"运水的成功与否，这些都是引发幼儿持续探究的要点。因此教师设计了本次活动，旨在通过一次次地玩吸管运水游戏，引导幼儿积极、主动地通过观察、比较、操作、实验等方法，更深入地感知虹吸现象，萌发深入探究的兴趣，发展探究能力。

活动目标

1. 在实验中感知吸管"自动"运水的虹吸现象。
2. 探究产生虹吸现象的条件，并能大胆表达自己的想法。
3. 敢于猜想与动手探究，发展初步的探究能力。

活动准备

1. 经验准备：幼儿有用吸管玩水的经验。
2. 物质准备：
（1）实验桌上有装满水的小桶、空盆、一大盆水等。

（2）不同造型的吸管（包括直筒造型、带弯头造型、带多个折叠弯头造型等），儿童剪刀、透明胶等工具。

（3）阶梯水库材料盒（包括阶梯式增高垫、四个透明水杯、三个弯头吸管等）。

活动过程

一、回顾玩水经验，激发兴趣

1. 出示一个装满水的杯子和一个空杯，引发幼儿猜想和讨论。

引导语：这里只有一个装满水的杯子、一个空杯和一根吸管（直筒造型）。在不能直接倒水的情况下，大家想想怎样将杯子里的水运到空杯里去？

幼1：可以把手当成勺子来运水。

幼2：不行，这样子会弄得到处湿漉漉的。

幼3：可以用吸管运水。

2. 邀请3~4个幼儿尝试运用吸管运水，引导其他幼儿认真观察其手部动作。

师：你用吸管运水成功了吗？你是怎么玩的？

幼1：我成功了。我先把吸管放进水里，让水流到吸管里，然后我用手指头堵住吸管的一头并把吸管倒立起来，这样就能把吸管里的水运到空杯里了。

幼2：我觉得这种方法不好，运水的时候会搞得到处湿漉漉的。

幼3：我也成功了，但是我的方法跟他不一样。我先把吸管竖直放进水里，然后用手指头堵住吸管上面的洞洞，把水"吸"住，再把吸管移到空杯，放开堵住吸管的手指头，水就会流到空杯里。（见图1~3）

图1 　　　　　　　图2 　　　　　　　图3

幼4：这种方法真神奇，就像移动的自来水管，把水"吸"住再"放"水。

3. 梳理小结：神奇的吸管运水方法是将吸管的下端充分浸入水中，然后用手指堵住吸管的顶端，再把吸管垂直拿出来放到空杯里，这时候把按住吸管的手指松开，水就会流出来。

二、大胆实验，感知虹吸现象

（一）鼓励幼儿大胆操作，尝试运用吸管"自动"运水。

引导语：虽然吸管能像移动的自来水管一样把水"吸"住再"放"水，但是这样需要我们的手来回运送。有什么办法能让桶里的水通过吸管自动流到空盆吗？

1. 提供不同造型的吸管（增加带弯头造型的吸管）、一个装有水的小桶和一个空盆，幼儿操作。

师：怎样才能让水从水桶自动流到空盆里呢？

幼1：我成功了，我选择了一根弯头吸管，用手指头堵住吸管一头的洞洞，然后将另一头的弯管挂在装满水的小桶上，再放开堵住的手指头，水就像被"吸"上来一样，自动流到空盆里了。

幼2：我试了好几次才成功，我发现要堵住吸管短的这头，把吸管长的那头放进水桶里，比较容易成功。

2. 邀请实验成功的幼儿进行演示。

3. 梳理小结：让吸管"自动"运水的方式是：选择弯头吸管，用手指堵住吸管一头并放置在空盆处，另一头放入装满水的小桶中，此时放开堵住吸管的手，水就会自动从装满水的小桶流到空盆里。（见图4~6）这是一种虹吸现象。

图4　　　　　　　　　图5　　　　　　　　　图6

（二）鼓励幼儿再次操作，感受产生虹吸现象的条件。

1. 关注实验失败的幼儿，进行个别指导，引导他们发现实验不成功的原因。

2. 邀请几个实验失败的幼儿进行演示，分析实验不成功的原因。

幼1：我先把吸管放进水桶里，再去堵住吸管另一头，这样不能把水"吸"到空盆里。

幼2：因为水桶里的水太少了，我放进水桶里的吸管一头不能完全泡在水里面，没办法把水"吸"上来。

大班科学活动　193

幼3：我也是这样。刚才我把水桶装满水，又试了一次，就成功了。

幼4：我觉得我失败的原因是把空盆摆得比水桶还高，吸管的一头像一座桥一样搭在空盆上，所以水流不出来。

3. 梳理小结：要想产生虹吸现象，第一，要按先堵吸管再放开的正确顺序操作；第二，小桶里要装满水；第三，要注意保持吸管的出水口低于进水口，有一定的高低落差才能让吸管成功地"自动"运水。

三、再次操作，比较吸管造型对虹吸现象的影响

1. 提供多种吸管（增加带多个折叠弯头造型的吸管等）和工具（儿童剪刀、透明胶等），鼓励幼儿尝试运用不同造型的吸管进行"自动"运水实验。

引导语：我们学会了用吸管"自动"运水的方法，发现了虹吸现象的小秘密。那不同造型的吸管也能"自动"运水吗？哪种造型的吸管运得比较快呢？请小朋友们试一试、玩一玩吧！

2. 教师巡回指导，鼓励幼儿大胆尝试用弯曲吸管创造出不同的吸管造型，进行吸管"自动"运水实验。

3. 交流分享：你做出了什么造型的吸管，它能"自动"运水吗？

幼1：我做了一个"U"的造型，它能成功地"自动"运水。

幼2：我用粗的吸管做实验，发现和细的吸管相比，粗的吸管运水更快。

幼3：我用很多根吸管做了"W"的造型，发现它能更快地"自动"运水。

幼4：我用吸管把"V"造型变得长长的，发现它运水反而慢了。

梳理小结：吸管的长短、粗细、造型对吸管的"自动"运水速度有一定的影响。

4. 活动建议：该环节的实验内容具有个性化特征，教师应更关注幼儿的个性化学习情况，并进行及时地支持与指导。

四、出示阶梯水库材料盒，引发幼儿持续探究的兴趣

1. 教师出示阶梯水库材料盒，提出问题：吸管能自动将水从最高处的水杯运到最低处的水杯吗？引发幼儿猜想。

引导语：今天我们学会了用吸管"自动"运水的方法，将水桶里的水运到空盆里。这个是阶梯水库材料，它有四个透明水杯和三根弯头吸管，猜一猜，这些吸管能把最高处水杯里的水"自动"运到最低处的水杯中吗？

2. 结合讨论，鼓励幼儿在后续活动中持续探究。

幼1：我觉得可以，用今天学的方法把最高处水杯里的水先运到第二高的水杯里，再运到第三高的水杯里，最后运到最低处的水杯里。

师：有没有更快、更方便的方法呢？

幼2：那要请三个小朋友合作，每个人堵住其中一根吸管的一头，等到上层水流满下一层的水杯后，再把手指头松开放水。

师：还有其他方法吗？结果会是什么样的？我们可以到科学区再试一试。

活动延伸

1. 在科学区中提供阶梯水库材料盒，鼓励幼儿继续玩虹吸现象的游戏。
2. 引导幼儿在自然角利用虹吸原理给金鱼缸换水。

教师思考

活动一开始，教师重点引导幼儿回顾用吸管玩水的经验，感受在气体（空气）与液体（水）的压力差作用下的"吸"水现象，激发了幼儿探究多种运水玩法的兴趣，为后续的探究做好经验的铺垫。

在第一次实验环节，教师保证让幼儿有充分的实验探究和观察发现的时间，并积极鼓励幼儿表达表现，再加以启发引导，让幼儿在观察、比较中感知神奇的虹吸现象，也发现产生虹吸现象的条件。在该环节中，有的幼儿可能会没有运用正确的方法去比较，教师应及时关注并加以引导。

随后，基于上一个环节发现产生虹吸现象的条件，教师继续增设丰富、可操作的探究材料，引发幼儿探究吸管造型对虹吸现象的影响，激发持续探究、再次操作的兴趣。从活动现场来看，幼儿热衷于比较、探究的过程，从中感受到实验结果与实验材料的关联性，也体验到科学探究的趣味性。

最后，教师出示新材料，进一步激发幼儿持续探究、勇于挑战的学习热情。幼儿在本次活动的基础上发散出合理又富有想象力的猜想，表现出他们对持续探究的浓厚兴趣和愉悦情绪，使实验不局限于一次活动，而是延续到生活与区域游戏中。

活动评析

1. 以吸管运水游戏贯穿始终，层层推进。

本次活动是在幼儿玩过吸管运水游戏之后，为支持幼儿继续探究吸管"自动"

运水的虹吸现象而设计的。以回顾玩水经验引入，激发了幼儿探究多种运水玩法的兴趣，再以三次实验操作帮助幼儿学会正确操作、观察、比较的方法，引导幼儿感知虹吸现象，发现产生虹吸现象的各种条件。

2. 注重提问和梳理，使科学探究更有教育价值。

教师设定的活动目标清晰、明确，具有指向性，符合大班幼儿科学探究的发展水平和需要。活动过程中，教师以"你用吸管运水成功了吗""怎样才能让水从小桶里自动流到空盆里呢""吸管能自动将水从最高处的水杯运到最低处的水杯吗"等问题的提出，引导幼儿迁移并运用已获得的经验进一步探究。之后，教师用简练的语言帮助幼儿梳理、归纳操作的方法，使幼儿的科学探究更有教育价值。

8 会唱歌的橡皮筋

设计者：叶晓蝶（厦门市同安区第三实验幼儿园）
评析者：林雅萍（厦门市同安区第三实验幼儿园）

活动由来

对于大班幼儿来说，声音是熟悉的，但是他们对于声音是怎么产生的却很陌生。《指南》指出：幼儿的思维特点是以具体形象思维为主，应注重引导幼儿通过直接感知、亲身体验和实际操作进行科学学习。根据大班幼儿的年龄特点及认知规律，教师设计了这个尝试性、操作性、探索性较强的科学活动。通过有趣的实验小游戏，看一看、做一做、说一说等方法让幼儿了解声音是怎么产生的。

活动目标

1. 感知声音的振动现象。
2. 探究声音是怎么产生的，发现声音与物体振动之间的关系。
3. 在实验过程中喜欢动手探究，并乐于与他人分享自己的发现与经验。

活动准备

1. 经验准备：幼儿已经用科学活动材料完成纸筒薄膜镜子的制作，见过或体验过靠弹拨发声的乐器，以及了解光与影子的关系。

2. 物质准备：纸筒薄膜镜子、手电筒、桌签、橡皮筋、铅笔、纸巾盒、塑料瓶、铁罐、玻璃瓶、木盒若干，（见图1）PPT、视频展台、记录纸等。

图1

活动过程

一、探索橡皮筋的玩法，激发幼儿兴趣

1. 拿出橡皮筋，引发讨论。

引导语：小朋友们，你们认识它吗？它可以用来干什么呢？

幼1：可以用来绑头发。

幼2：我妈妈用它套住茶叶袋子。

幼3：它有弹性，可以做弹弓。

2. 探索橡皮筋发出声音的方法。

引导语：原来橡皮筋的本领这么多呀！今天它还要展示会唱歌的本领。你们知道它是怎么唱歌的吗？请你们玩一玩桌上的橡皮筋，看能不能发出声音？

3. 分享交流：你的橡皮筋发出声音了吗？是怎么发出来的呢？

幼1：我用一只手的大拇指和食指撑住橡皮筋，然后另一只手去拨，有声音。

幼2：我拉长皮筋，然后用它弹桌子也有声音。

4. 梳理小结：橡皮筋是能发出声音的。

二、幼儿制作音乐盒，探索声音是怎么产生的，知道声音的大小与物体振动之间的关系

1. 幼儿用橡皮筋制作音乐盒，探索声音产生的原理。

引导语：桌上有纸巾盒、橡皮筋、铅笔。将橡皮筋套在纸盒上，（见图2）再把铅笔分别插在橡皮筋的下面，（见图3）一边一根，这音乐盒就做好了。

图2

图3

2. 请幼儿在视频展台演示制作的音乐盒。

3. 交流分享：用橡皮筋制作的音乐盒能发出声音吗？它是怎么发出声音的？

幼1（边演示边答）：音乐盒有声音，声音很小声，我用手指弹橡皮筋发出来的声音。

师：那是手指发出来的声音吗？

幼2：不是手指，是橡皮筋自己发出来的声音。

师：橡皮筋是怎么自己发出声音的？

幼3（边演示边答）：就是橡皮筋弹到纸盒发出来的声音。

师：那你们觉得橡皮筋的声音好听吗？

幼4：因为音乐盒中央有一块空空的地方，像吉他一样，然后橡皮筋就像琴弦。用手拨动橡皮筋就像在弹琴，好听。

4.梳理小结：是的，用手拨动，橡皮筋就会产生振动，这种振动也会带着音乐盒空着的地方的空气振动，所以发出好听的声音。

5.要怎么样才能让它发出不同的声音？

幼5（边演示边答）：橡皮筋要分开一点，不能靠太近，而且橡皮筋一定要多，琴弦多声音才好听。

幼6：我竖着放橡皮筋，弹出来的声音很好听，放的方向不一样，声音也不一样。

幼7：我多放几支铅笔，橡皮筋位置变了，声音也不一样了。

幼8：弹拨的速度快一点，声音也变了。

师：为什么音乐盒发出的声音有的大声，有的小声呢？

幼9（边演示边答）：你用大力气弄橡皮筋，声音就大，你要是用小力气，就会很小声。

6.梳理小结（结合视频）：声音的不同和橡皮筋的位置不同有关系。（见图4~5）橡皮筋多一些，振动次数越多，声音越好听；拨橡皮筋的动作越大，声音越大。（见图6~7）

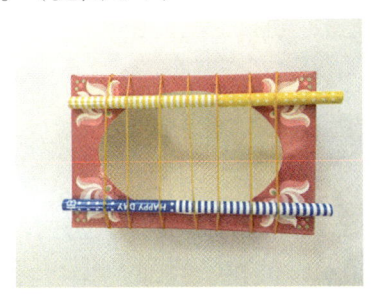

图4 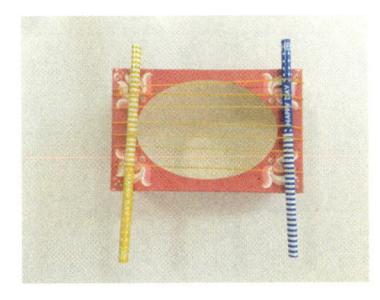　　　　　　　　　图5

大班科学活动　199

图6   图7

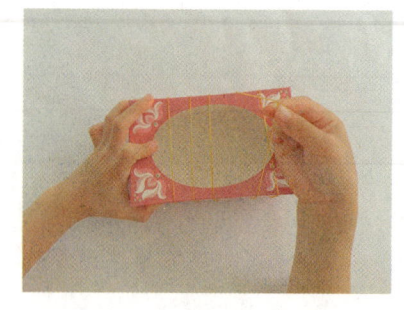

三、幼儿玩不同的材料，进一步探究声音与物体振动的关系

1. 结合实物，引导幼儿观察材料的不同。

引导语：这边有其他东西也可以用来制作音乐盒，它们有哪些不同的地方？（见图8）

幼1：材质不一样。玻璃的、铁制的、木头的、塑料的。

幼2：有大的，也有小的。

幼3：形状、颜色也不一样。

2. 梳理小结：这些材料材质不同，大小形状也不同，但橡皮筋是相同的。

图8

3. 结合记录表，鼓励幼儿大胆猜想用不同材料制作音乐盒，会有哪些不同的结果。

（1）出示记录表，幼儿大胆猜想。

材　料	猜　想	结　果	发　现

引导语：你们猜一猜橡皮筋在这些材料上都能发出声音吗？声音一样吗？小朋友们先把猜想用自己喜欢的方式记录下来。

幼1：我觉得都能发出声音，因为是橡皮筋振动发出的，又不是它们。

幼2：声音肯定不一样，材质都是不同的。

幼3：声音一样，都是橡皮筋发出来的声音。

师：那你们猜一猜，用哪种材料做音乐盒发出的声音最好听？

幼4：铁罐最好听，跟三角铁一样。

幼5：木盒最好听，因为很多乐器都是木头做的。

（2）引导幼儿在记录表上写上自己的猜想。

4. 验证猜想，实践得出结果后再次完成记录表。

引导语：小朋友们，请你们开始动手实验，并在"结果"栏里记录实验结果。看看实验的结果是不是跟你们猜想的一样。

5. 结合记录表集中分享交流：你有什么发现？大胆地表达自己的发现。

师：有的猜想和操作的结果是一样的，有的是不一样的，谁来分享一下？

幼1：都能发出声音，但是声音是不一样的。我原本觉得用铁盒子的声音好听，结果一弹橡皮筋，发现不好听，声音有点沉沉的。

幼2：我猜最好听的声音是用玻璃瓶，结果就是用玻璃瓶最好听，声音是清脆的。

幼3：如果都是用手指去弹拨橡皮筋，发出来的声音是一样的。如果是拉扯橡皮筋去弹，声音不一样。

6. 梳理小结：材质不同，声音也不同，橡皮筋作为发音体，它的"演奏方式"（振动方式）不同也会导致声音的不同（见图9~10）。

图9 　　　　　　　　　图10

四、提供已经制作的纸筒薄膜镜子，让幼儿"看见"声音

1. 教师出示PPT介绍材料，幼儿实践，巩固积累经验。

引导语：小朋友们，这个小实验让我们不仅能听见声音，还能"看见"声音，现在请你们看视频组装材料，并玩一玩，看一看会出现什么样的声音。

2. 教师巡回指导，幼儿操作，结合讨论，丰富经验认知。

师：有什么办法让手电筒不直接照在桌签上的纸，但是也能在桌签上看到光点呢？

幼1：可以用镜子反射。

师：是的，调整手电筒的位置，使光线通过镜子反射到桌签上。（见图11）纸上的光点是动的还是不动的？

幼2：不动的。

师：现在请小朋友们对着纸筒薄膜镜子的另一边说一说话，看看有什么现象发生。

图11

3. 幼儿再次实验，得出原理。

幼1：哈，我对着开口发出"啊—啊—"的声音，然后那个光点会动来动去。

师：为什么光点原来是不动的，后来却动了？

幼2：因为我们讲话了，发出声音让薄膜镜子的薄膜振动，所以带着光点也一起动了。

4. 梳理小结：声音是由物体振动产生的。我们说话的时候是我们口腔发出声音带动着空气一起振动，当薄膜镜子随着声音振动时，镜子的一点点改变都会引起光点较大的改变。也就是说我们把薄膜上的振动给转化成光点的改变。（见图12）

图12

活动延伸

将实验材料投放到科学区，鼓励幼儿继续探究声音与物体振动之间的关系。

教师思考

活动中教师注重培养幼儿的探究能力，引导幼儿循序渐进地积累经验，并加入适时的启发式提问，梳理经验与积累，让幼儿自己通过探究发现比较声音与物体振动的关系。还通过提供不同的材料，引导幼儿通过猜想、观察、比较、实践发现声音的不同与物体材料以及振动方式有关。设计的环节层层递进，不断引发幼儿持续探究的浓厚兴趣，引导幼儿主动发现声音与空气振动的关系，丰富加深幼儿的科学经验。

活动评析

1. 活动内容取材新颖。

会唱歌的橡皮筋充分调动了幼儿的探究欲望与积极性，而且内容与活动目标紧密联系。本次活动是在幼儿对生活中各种各样的声音感到好奇之后，教师为支持幼儿探究声音的产生，以及声音与物体振动的关系而设计的。在活动环节中，教师让幼儿学会正确观察、比较、分析的方法，最后进行实际操作并得出结论，从而发现声音与物体振动之间的关系。

2. 创设浓厚的科探环境。

首先，教师提供的丰富多样的探究材料能够满足幼儿自主探索声音的需要，同时这些材料也具有很强的目的性、趣味性、层次性和探究性。在进一步探究声音与物体振动的关系时，教师提供了不同材质的材料，也提供了让幼儿都能够猜想验证、主动探究、反复尝试的充分支持。

3. 教师采用开放的启发性提问，鼓励幼儿大胆地表达、表现、表征，让幼儿积极主动地对声音的产生进行思考探究，享受探究科学的乐趣。

9 有趣的拉线陀螺

设计者：方小芳（厦门市同安区洗墨池幼儿园）
评析者：陈珊珊（厦门市同安区洗墨池幼儿园）

活动由来

自从在班级区域投放了陀螺后，幼儿都争先恐后地要去探究区玩陀螺，但是他们玩陀螺游戏也只局限在"转"这一简单的动作中。而其中的拉线陀螺转动产生的美丽图案吸引了孩子们的兴趣，他们经常玩拉线陀螺，比谁的陀螺转得久。拉线陀螺的线的长短、绳子缠绕程度、手转动的力气大小等都会影响到拉线陀螺转动的时长，这些都是引发幼儿持续探究的要点。《指南》指出，大班幼儿要能通过观察、比较与分析，发现并描述某个事物前后的变化。因此教师设计本次活动，旨在支持幼儿通过实践、观察、讨论等方法学习发现问题、分析问题、解决问题，发展幼儿初步的探究能力。

活动目标

1. 喜欢玩拉线陀螺，对拉线陀螺转动的现象感兴趣。
2. 能大胆猜想并讲述自己在玩拉线陀螺时的发现。
3. 通过对拉线陀螺的探究活动，探究影响拉线陀螺转动时长的一些因素。

活动准备

1. 经验准备：幼儿已经用科学活动材料完成拉线陀螺的制作且具备一些有关陀螺的知识。
2. 物质准备：各种线的长度不一的拉线陀螺、各种粘贴形状不一的拉线陀螺、各种重量不一的拉线陀螺若干，（见图1~2）记录纸等。

图1 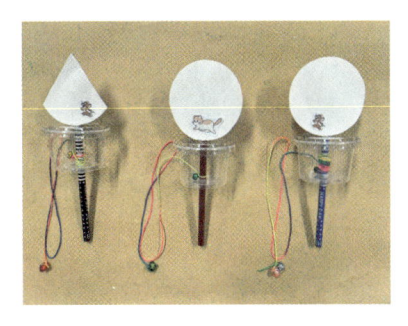   图2

3. 环境创设：布置场景拉线陀螺"玩具城"，各种各样的拉线陀螺摆放在活动室的四周。

> **活动过程**

一、情境导入，激发幼儿的探究兴趣

1. 幼儿自由选择一个拉线陀螺，探究怎么样让拉线陀螺转起来。

引导语：今天老师是拉线陀螺"玩具城"的导游，要带你们到"玩具城"玩一玩，前几天我们一起制作了各种各样的拉线陀螺，现在就展示在"玩具城"里，请你们轻轻起立去找一个拉线陀螺玩一玩，试着让拉线陀螺转起来吧。

2. 分享交流：你的拉线陀螺转起来了吗？你是怎么玩的？

幼1（边演示边答）：我是拉着缠绕好的陀螺绳子让陀螺转起来的。（见图3）

幼2（边演示边答）：我也让陀螺转起来了，我是拿着拉线陀螺中间的那支笔，用前后搓动笔的方法让陀螺转起来的。（见图4）

图3    图4

大班科学活动 **205**

幼3（边演示边答）：我也是这样玩，但我发现这样转，陀螺转一会儿就转不动了。

幼4：我是拿着其中一条线甩起来，感觉惯性会让陀螺转动。（见图5）

图5

3. 梳理小结：用拉绳子、转笔、甩绳子等方法都能让拉线陀螺转起来，但是转动的时长有的很短，有的可以很长。

二、幼儿自选拉线陀螺，通过比一比，猜想影响拉线陀螺转动时长的秘密

引导语：拉线陀螺"玩具城"里有各种各样的拉线陀螺，现在请你们去找一个自己喜欢的拉线陀螺，和你的好伙伴玩一玩，比一比，看看哪种拉线陀螺转的时长长。

1. 幼儿选自己喜欢的拉线陀螺，找一个好朋友试着玩一玩，比一比。

2. 交流分享：哪个拉线陀螺转的时长长？你们觉得是什么原因呢？

幼1（边演示边答）：我和好朋友一起比赛，同时转动陀螺，我的陀螺转很久才停下来，他的一下子就停下来了。

师：你们觉得他们这样比可以吗？

幼2：他们可以这样比，但是转动用的力气不一样，对转动的时长是有影响的。

师：看来力气大小是会影响转动时长的。

幼2（边演示边答）：是的，因为转动会有惯性。而且我发现他们两个的拉线陀螺是不一样的，这个应该也会影响。

幼3：对的，陀螺的形状、大小不一样，感觉也会影响转动时长。

幼4：我看到有的陀螺线长，有的线短，应该也会有影响。

师：看来很多因素都会影响拉线陀螺转动的时长。

幼5：可以先把我们的猜想画出来，看看影响转动时长的因素可能有哪些。

师：嗯嗯，你们可以先在记录表上画下来，我们一会儿来归纳。

3. 幼儿把猜想记在如下记录表上。

可能影响拉线陀螺转动时长的因素		

4. 梳理小结（结合记录表）：转动用的力气、拉线陀螺线的长短、转动的方法、拉线陀螺的形状大小、拉线陀螺的重量多少都可能影响拉线陀螺转动的时长。

三、控制变量，让幼儿玩只有一个变量不一样的两个拉线陀螺，初步了解影响拉线陀螺转动时长与转动陀螺的力气大小、拉线陀螺的线长、转动陀螺的方法有关

1. 结合盘子里的实物，引导幼儿观察每盘的拉线陀螺有哪些不同。

引导语：这边放着好几个盘子，请小朋友们仔细观察每个盘子里的拉线陀螺有哪些不同。

幼1：这一盘拉线陀螺上的形状不一样。

师：形状有什么不一样？

幼1：一个三角形，一个圆形。

师：其他小朋友还有什么不同的发现吗？

幼2：那一盘好像除了形状不一样，其他的都一样。

幼3：对，我看的这一盘，只有线长短不一样，其他的也都一样。

幼4：对的，这一盘里，形状、线的长短都一样，但是陀螺绑的珠子一个有两颗，另一个只有一颗，有的轻、有的重。

2. 梳理小结：这些放在同一盘里的拉线陀螺，只有其中一个地方是不一样的，其他地方都一样。

3. 结合记录表，鼓励幼儿大胆猜想拉线陀螺对比实验的结果。

材料	猜想❓	结果✋

（1）集体猜想其他方面都一样，只有线的长短不一样的拉线陀螺转动的时长。

引导语：这一盘拉线陀螺除了线的长短不一样，其他方面都一样，你们猜一猜是线长的转动时间长，还是线短的转动时间长？为什么？

幼1：我觉得线长的转得久，因为要让长线拉直需要的时间长。

幼2：我不同意，我觉得线短的会转得久，因为线短的转得快一些。

引导幼儿将自己的猜想记录在记录表上的猜想栏里。

（2）集体猜想拉线陀螺的轻重不同对拉线陀螺转动时长的影响。

引导语：这一盘的拉线陀螺的轻重是不一样的，你们猜一猜是轻的拉线陀螺转的时间久，还是重的拉线陀螺转的时间久？为什么？

幼3：轻的陀螺转动的时间久，因为轻的轻快呀。

幼4：不对，重的久，重的惯性会大一点。

引导幼儿将自己的猜想记录在记录表上的猜想栏里。

4.幼儿自由选择一盘拉线陀螺，引导幼儿用相同大小的力量转动陀螺，记录转动的时长，并将自己的操作结果记录在记录表上。

引导语：现在请小朋友分别去玩一玩盘子里的拉线陀螺，仔细观察哪个陀螺转动的时间长？把实验结果记录在结果栏里，看看自己的猜想和结果是否一样。

5.集中分享交流：你发现哪种拉线陀螺转动的时间长？你是如何比较的？

师：从记录表我们可以看到，有的小朋友的猜想和结果的记录是一样的，有的小朋友是不一样的，谁来分享一下你的发现？

幼1：我玩的是这一盘拉线陀螺（线长不一样，其他一样）。我的猜想是线长的转的时间久，结果也是一样的。

师：为什么会这样？请你演示一下刚刚是怎么玩的。

幼1进行演示。

幼2：不对，他刚刚一个比较用力拉，一个拉得比较轻。

师：我们刚刚说过需要如何比较呢？

幼2：只有一个方面不一样，其他的都要一样的，所以用的力气也要一样。

幼1再次进行展示，得出一样的结论。

师：看来其他条件不变的情况下，拉线陀螺的线长越长，转的时长也越长。谁还玩了另一组材料，结果怎样？

幼3：我玩了好几次，重的拉线陀螺转得久。

师：就像小朋友们发现的，拉线陀螺的轻重会影响转动的时长，在其他条件都一样的情况下，重一点的拉线陀螺转得久。

6. 梳理小结：线的长短、拉线陀螺的轻重，都会影响拉线陀螺转动的时长。除此之外，转动的力气大小、转动的方法也是会影响转动时长的。

四、利用拉线陀螺转动比赛，评选"陀螺大王"，引发幼儿持续探究的兴趣

1. 教师出示比赛报名表，讲述比赛规则，激发幼儿参与比赛的兴趣。

引导语：拉线陀螺"玩具城"要举办一次陀螺比赛，你们可以挑选出自己认为能转动最久的陀螺参加比赛，看谁能获得拉线陀螺持久赛总冠军。

幼1：我要挑一个线长的拉线陀螺来参赛。

幼2：线长的还不够，还要看看哪个重，挑线长的，陀螺又重的。

师：那你们两个先来比一比。其他小朋友猜一猜谁会赢。

幼3：我觉得他会赢，他的陀螺比较大，看着又比较重，线又长。

师：那结果到底会是怎样的？我们一起拭目以待吧。

2. 集体比赛转陀螺，评选出"陀螺大王"，颁发奖章，并请获奖者发表获奖感言。

3. 提供各种材料供幼儿自主创造，制作持久的拉线陀螺。

引导语：今天我们发现了许多关于拉线陀螺转动的秘密。活动区还有纸盒、吸管等材料，你们能动手制作出转动得更久的拉线陀螺吗？到活动区去试一试吧。

> **活动延伸**

1. 游戏活动：在区域活动中提供材质、大小不同的材料，鼓励幼儿继续制作陀螺，探究陀螺转动的秘密。

2. 家园共育：请家长在日常生活中引导幼儿观察周围环境中的陀螺或类似陀

螺的应用，在家里用可用材料自制陀螺。

教师思考

活动过程分四个环节。在活动导入环节，一方面注重活动经验的延续性，从拉线陀螺的制作到探究，关注到了幼儿经验积累的延续；另一方面，创设了自由宽松的拉线陀螺"玩具城"环境，激发了幼儿玩拉线陀螺、探究拉线陀螺多种玩法的兴趣，为后续的探究做好经验的铺垫。整个活动重点是给幼儿提供充分的观察、比较的时间，让幼儿自己亲身体验、实际操作，从而验证自己的猜想，给幼儿提供充分的表达表现的机会，并加以适时的启发引导、经验梳理，让幼儿自己尝试发现拉线陀螺转动时长的秘密。在引导幼儿探究拉线陀螺转动时长的影响因素时，要注意控制材料的变量，只有一个要验证的变量不一样，其他的量都要一样，这样结果才能更准确。

活动评析

1. 以幼儿为本，在"玩中学"中进行科学探究。

本次活动，教师注重以幼儿为主、教师为辅，以及操作猜想在先、总结在后的原则，设计拉线陀螺"玩具城"的游戏情境，让幼儿先自己动手玩一玩、试一试，在操作中发现问题，鼓励幼儿大胆地表达自己的探索结果，并与大家一起交流。

2. 以操作为主，各个环节环环相扣、层层推进。

本次活动是在幼儿动手制作了拉线陀螺后，为支持幼儿探究拉线陀螺转动时长的影响因素而设计的。活动以陀螺"玩具城"情境导入，让幼儿尝试自由玩拉线陀螺，从而让幼儿探究拉线陀螺的多种玩法，并在此基础上帮助幼儿学会用控制变量法探究影响拉线陀螺转动时长的因素，最后再进行评选"陀螺大王"比赛，由浅入深地推进活动不断开展。

10 神奇的活动桥

设计者：陈丽娟（厦门市同安区五显中心幼儿园）
评析者：郭小红（厦门市同安区五显中心幼儿园）

> **活动由来**

建构游戏是幼儿园自主游戏的重要组成部分。经过一段时间"桥"的主题搭建，幼儿对"自动桥"的搭建产生了浓厚的兴趣。幼儿口中的"自动桥"其实就是现实生活中的活动桥，但幼儿对现实中活动桥的构造、运行原理并不是很清楚，在搭建的过程中仅仅靠想象力让"自动桥"动起来。活动桥的升降、旋转、开合等诸多物理现象都能引发幼儿持续的探究。因此教师设计了本次活动，旨在通过试验，鼓励幼儿探究让活动桥活动的不同方法，萌发幼儿探究科学的兴趣，创造条件使他们感受科学探究的过程和方法，发展幼儿初步的探究能力。

> **活动目标**

1. 了解活动桥的特点和用途，对探究活动桥感兴趣。
2. 探究让硬纸板成为活动桥的不同方法，尝试用喜欢的方式记录并表达。
3. 体验与同伴合作探究、创造活动桥的乐趣。

> **活动准备**

1. 经验准备：幼儿有初步搭建活动桥的经验。
2. 物质准备：硬纸板、绳子、支架（两把椅子）、打孔小木棒、记录表、勾线笔；幼儿园各种建构材料及物品若干（如碳化积木、纸芯筒、拼插积塑、陀螺、玩具轮胎、创意拼玩具组合、鲸鱼编程玩具组合等）；PPT课件"神奇的活动桥"

（课件主要内容：视频展示生活中各种类型的活动桥，图片介绍主要的三种类型活动桥：立转桥、升降桥、平转桥）。

活动过程

一、情境回顾，谈话导入

1. 出示视频，引导幼儿发现问题。

引导语：昨天我们玩建构游戏的时候，有一个小组提出要建一个可以升降的活动桥，可是，在建构的过程中他们遇到了问题，我们一起来看一看，问题到底出在哪儿？（播放视频：幼儿尝试搭建升降桥，桥面没办法保持平衡）

2. 鼓励幼儿大胆表达自己的想法。

幼1：他们两端的绳子没有拉紧。

幼2：他们的木板两边就绑了细细的一根线，很容易歪，两边没有对称。

师：那你们觉得要在两边绑几根线呢？

幼2：我觉得每一边至少要两根。

幼3：我觉得他们在拉绳子的时候没有配合好，一人拉得比较快，而且只顾自己拉，没有和其他人配合。

3. 梳理小结：通过仔细观看视频，我们发现了升降桥没办法保持平稳升降的原因可能是桥面两端的绳子没有设计对称，也可能是两边小朋友没有配合好，等等。那么你们能不能帮他们想到解决的办法呢？我们一起动手试一试吧。

二、探索让硬纸板平稳升降的方法

1. 教师介绍实验材料与方法。

引导语：老师为你们准备了一些材料，一起来看看是什么？（教师出示硬纸板、绳子、椅子等，见图1）。

2. 提出操作要求。

（1）每组一份材料，先猜想用这些材料怎样让硬纸板平稳地升降起来；

（2）每一个小组的小朋友一起

图1

合作，交流自己的发现；

（3）当音乐结束时，轻轻地回到位置上。

3.分组自主探索，教师巡回指导。

鼓励幼儿和身边的好朋友说一说是用什么方法让硬纸板保持平稳升降，交流分享自己的探究过程与结果。

4.集中交流分享，梳理小结。

师：谁来说一说刚刚是怎么让硬纸板平稳升降的？

幼1（带着纸板分享）：我们是先在纸板两端随机打了两个洞，然后发现纸板会歪，于是又增加洞的数量，总共打了6个洞，纸板才保持平衡。

幼2：我们是在纸板两端各打2个洞，洞的位置分别是在四个角，对称，然后绑线向上拉。

师：硬纸板有平稳升降吗？

幼2：刚开始拉的时候一边快，一边慢，后来调整速度，两边同时慢慢拉，就成功了。

师：其他小朋友是怎么做的呢？谁还要来分享？

幼3：我们也是找到对称的位置，在硬纸板的两边各绑了四根线，然后通过语言的提示，两个人互相配合让纸板平稳升降。（说完，他便邀请小伙伴上来一起演示给全班小朋友看）

5.梳理小结：硬纸板的两端如果只用一根绳子绑住，不容易使纸板保持平衡，增加绳子的数量会增加其稳定性。同时，

图2

我们在绑绳子的时候可以找两边对称的点，这样更容易使硬纸板保持平衡。此外，在向上拉硬纸板的过程中，拉的速度要慢一点，而且两边要同时拉，这样硬纸板才不会歪。（见图2）

三、探索让硬纸板活动的其他方法（平移、旋转、开合等）

1.教师介绍操作材料，幼儿猜想。

引导语：除了刚刚我们探索的升降方法，我们还可以让桥面怎样活动起来呢？

教师出示材料筐：幼儿园各种建构材料及物品若干，如碳化积木、纸芯筒、

拼插积塑、陀螺、玩具轮胎、记录表、勾线笔等。（见图3）

幼1：可以在纸芯筒上固定纸板，旋转纸芯筒，纸板就会旋转起来。

幼2：在纸板两端用积木压下去，纸板就会从中间分开。

教师介绍记录表，幼儿用自己喜欢的符号记录。

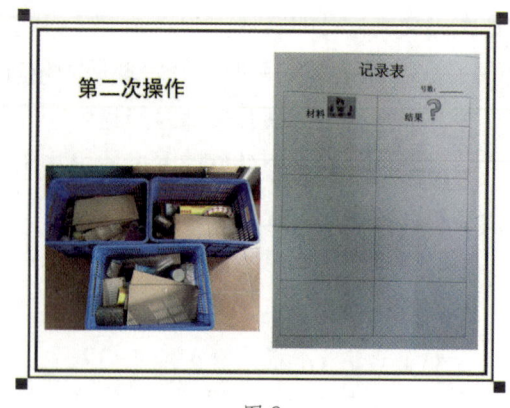

图3

2. 讲解操作要求。

引导语：你们可以用老师准备的这些材料，也可以自己找一找其他材料，试试看哪些材料能让桥面活动起来，桥面是怎么活动的。操作完将结果用自己喜欢的符号记录在记录表上。音乐结束后，请小朋友们把材料放好，带上记录表回到位置上。

3. 幼儿分组合作探究、记录，教师巡回指导，鼓励幼儿互相合作。

4. 交流分享。

师：刚才，你们都玩得很开心，你们一共找到了几种硬纸板活动的方法，用了哪些材料？硬纸板是怎么活动起来的？谁先来分享一下呢？

幼1（结合记录表分享）：我找到的都是旋转的方法，但是我用的是不同材料让硬纸板旋转。第一种，我是选择了一个纸芯筒，把它连在硬纸板下面，转动纸芯筒时硬纸板就旋转起来了，这个螺旋圈就表示硬纸板旋转。第二种，我选择了陀螺，在纸板中间插了一个洞，穿过陀螺，旋转陀螺的时候，纸板就旋转起来了。

幼2：我是在纸板中间用剪刀剪开，分成两块纸板，然后在两块纸板两端绑上线，利用绳子将两块纸板平行地分开。

幼3（边演示边答）：他们都是靠手动让桥面活动起来的，我这个才是真的"自动桥"，不信老师你看。（只见他拿着创意拼玩具，里面有动力发动机，他设置了旋转功能，并将纸板连在上面的组件上，按动开关，硬纸板真的旋转起来了）

幼4（边演示边答）：我们的也是"自动桥"，老师你看，我用了两套鲸鱼编程玩具，两边各拉一张纸板，设置程序为两边正反方向各走五步，功能笔识别程序，同时朝反方向点，纸板不是就分开了吗？你看，如果点这两个按钮，纸板还能合起来呢。

5.梳理小结：通过操作尝试，我们发现很多材料都能帮助硬纸板实现活动功能，比如在硬纸板的下面找一个支撑点进行转动，硬纸板就能旋转；在硬纸板绑上线，水平拉线能让硬纸板平移……不同的材料能改变纸板活动的方式。

四、联系生活，认识活动桥

1.播放视频《神奇的活动桥》。

引导语：你们知道吗？在我们生活中真的有这样神奇的活动桥，我们一起来欣赏一下吧。你看到了哪些活动桥？

幼1：有旋转桥。

幼2：有打开又合起来的桥。

幼3：有升降桥。

2.结合PPT课件，介绍生活中活动桥的特点及用途。

3.梳理小结：生活中主要有三种活动桥，包括立转桥、升降桥、平转桥。（见图4）活动桥可以灵活地左右、上下移动或转动，让船只或车辆顺利通过，方便我们的生活。

图4

活动延伸

1.提出开放性的问题"生活中还有什么东西可以让桥面活动起来"，引发幼儿继续探究实验的愿望。幼儿可以和爸爸妈妈一起再去找一找、试一试。

2.把材料投放到科学区、建构区，让幼儿继续探索发现并进行分享。

教师思考

在本次活动中，幼儿的探究兴趣浓厚，能够主动探究，积极思考，与同伴协商合作。活动以幼儿建构游戏中遇到的问题"桥面没办法平稳升降"导入，教师通过提供硬纸板、升降支架等多种材料让幼儿自由探索，激发了幼儿探究自动桥平衡升降的兴趣，为后续探究多种桥面活动方法做铺垫。在第二次探索中，幼儿通过与同伴分享记录表的方式，交流实验结果，在多次探索中不断地积累经验。本次活动的难点在于解决纸板如何平稳升降的问题，幼儿的思维特点是以具体形象思维为主，所以在本次探究活动中，教师要注重引导幼儿通过直接感知、亲身体验、实际操作进行科学探究，以此来解决本次活动的难点问题，给予幼儿自我探索、自我调整的空间。通过本次活动，幼儿初步认识桥的平衡、转动原理，在活动中幼儿不仅获取了知识经验，更在发现—探索—猜想—验证—调整中习得了解决问题的方法，为幼儿建构活动提供了帮助。

活动评析

1.活动环环相扣，层层推进。

本次活动是在幼儿初步尝试桥面升降的方法基础上，根据幼儿操作过程中遇到的难题"桥面如何保持平稳升降"而设计的。在引入环节，教师注重活动经验的延续性，通过视频回顾幼儿遇到的问题，利用纸板代替桥面，让幼儿探究纸板平稳升降的方法，帮助幼儿学会正确的升降方法，从而发现纸板平稳升降的影响因素。在第二次动手操作环节，教师通过提供多元的、开放的材料，让幼儿进一步探究桥面除了升降以外的其他活动方法，如平移、旋转、开合等。最后，通过联系生活中的活动桥，拓宽幼儿的视野，丰富幼儿关于活动桥的经验，为他们后续的探究提供支持。

2.创设支持幼儿探究的环境。

首先，教师给予幼儿轻松自由的交流表达机会，比如在探索桥面平稳升降的过程中，先让幼儿进行猜想，然后再提供材料进行试验，当桥面平稳地升降时，教师留有足够的时间让幼儿分享交流成功的经验；其次，教师提供了充足的操作材料，如第二次探索环节，除了投放的常规的各种低结构建构材料以外，还投放了带有编程功能的创意拼组合、编程玩具等，为每个幼儿都能够亲历实验、主动探究、反复尝试提供有效的支持。在探究过程中，教师能及时引导幼儿运用自己喜欢的方式记录试验结果，并能根据记录结果进行表达。当幼儿只是简单地记录一种桥面活动的方式，或者没有及时记录时，教师能够及时提醒并引导幼儿发散思维，用不同的符号进行记录。

11 好玩的静电

设计者：许秋云（厦门市同安区汀溪中心幼儿园）
评析者：蔡明黎（厦门市同安区汀溪中心幼儿园）

活动由来

在户外活动玩滑梯时，有个孩子从桶状的隧道里滑出来时头发都立了起来，其他孩子都觉得很惊奇，便七嘴八舌地议论起来：她的头发怎么了，怎么都立了起来，像大狮子一样，是被施了魔法吗？针对这个话题教师与幼儿进行了交流，幼儿说经常发现这样的现象，如：冬天脱毛衣的时候会发出啪啪的声音；梳头发后头发也会飘起来；开车门时，手指刚一接触到车把手，就感到指尖针刺般疼痛等情况。但是幼儿对其中的奥秘并不了解。《幼儿园教育指导纲要》强调：科学教育的内容应从身边取材，引导幼儿对身边常见事物和现象的特点、变化规律产生兴趣和探究的欲望。于是教师抓住幼儿的兴趣，以此为契机设计了"好玩的静电"这一科学探究活动，让幼儿在各种探索游戏中感受静电现象，知道物体摩擦后会产生静电。

活动目标

1. 感知物体摩擦后产生的静电现象，了解生活中对静电的利用，以及静电的危害。
2. 能够大胆猜想，进行实验验证，并与同伴交流自己的发现。
3. 喜欢参与摩擦起电科学实验探究，感受科学活动的乐趣。

活动准备

1. 经验准备：幼儿有过被静电"电到"的经历；幼儿已经用科学活动材料完成纸花的制作。

2. 物质准备：橡胶棒、木棒、金属棒、粗吸管、细吸管、塑料尺子、回形针、丝绸布、纸花、《静电小常识》动画视频、记录表等。

活动过程

一、谈话导入，幼儿回忆被"电到"的经历，激发幼儿探究的兴趣

引导语：小朋友们，在生活中你们有没有发现，明明没有接触电源，但是好像被"电到"了的现象呢？

1. 回忆交流：说一说你在什么时候有这种好像被"电到"了的感觉。

幼1：在触摸我家门把手的时候有时好像被"电"到了。

幼2：脱毛衣的时候好像有过，还能听到啪啪的声音呢。

幼3：跟别人握手的时候被"电到"过。

2. 提问：为什么会发生这样的现象呢？这种神奇的"电"是从哪里来的呢？

幼1：可能是冬天太冷了，我在冬天的时候比较会被"电到"。

幼2：因为接触才会发生被电的现象。

师：这个电可真神奇，今天我们就一起来跟它玩一玩吧。

二、幼儿初步尝试操作，感受静电现象，知道摩擦起电

1. 幼儿自由选择纸花，猜想并自由尝试让纸花旋转起来的方法。

引导语：这是你们之前做的纸花，它是搭放在牙签上的。（见图1）怎样让纸花旋转起来？请你们试试！

2. 分享交流，

师：你的纸花旋转起来了吗？你是怎么玩的？

幼1：我是用嘴吹，纸花就旋转起来了。

幼2：直接用手转一转。

幼3：我用书本扇风，它就慢慢转起来了。

图1

3. 幼儿初步尝试通过摩擦实验让纸花旋转起来。

引导语：今天我们不用这些办法就能让纸花旋转起来，大家相信吗？我们先拿一个塑料杯罩在纸花的外面。（见图2）

提出操作要求：6名幼儿一组，每桌摆放丝绸布、塑料尺子、纸花6盘。请幼儿用丝绸布反复摩擦塑料尺子，再把塑料尺子放在塑料杯外轻轻绕圈移动，看看纸花发生了什么变化。（见图3）

图2　　　　　　　　　　　图3

4. 请幼儿分享操作方法。

引导语：你们刚刚是怎么做的，发现了什么？

幼1：我把塑料尺子与丝绸布摩擦后，放在塑料杯外轻轻绕圈移动，纸花也跟着轻轻转动。

幼2：我的纸花也旋转起来了，但是有点慢。

幼3：我的塑料尺子与丝绸布摩擦后放在塑料杯外轻轻绕圈移动，纸花没有动。

师：为什么有的小朋友让纸花旋转起来了，而有的却没有动呢？

幼4：是不是他的摩擦力气比较小，所以纸花没有旋转起来。

幼5：可能是摩擦的方式不对，所以纸花没有旋转起来。

师：那你们操作成功的方法是什么样的呢？

幼1：我是用力摩擦塑料尺子，这样子我的纸花就转起来了。

幼2：我摩擦的速度非常快，然后我就快速把塑料尺子放到塑料杯外移动，纸花就转起来了。

幼6：我把尺子和丝绸布一起摩擦了很久，然后放到纸花上，纸花就开始旋转了。

5. 梳理小结：塑料尺子与丝绸布摩擦产生了电，这些电叫静电，它能吸引轻小的物体（如纸花），这种现象叫摩擦起电。塑料尺子摩擦起电后放在塑料杯外轻轻绕圈移动使得纸花旋转起来,操作方法就是要找准摩擦的位置,而且摩擦速度要快、时间要长、有一定的力度。

三、幼儿再次动手操作,大胆猜测并操作验证哪些材料能产生摩擦起电现象

1. 出示不同材料,幼儿大胆猜想哪些物品摩擦后会起静电让纸花旋转起来,把猜想记录在记录表上。

引导语:老师这里还有很多材料:橡胶棒、粗吸管、细吸管、木棒、金属棒、回形针,请你们猜一猜什么东西摩擦后能产生静电,大胆说说你的想法。

幼1:我觉得橡胶棒可以产生静电。

幼2:木棒摩擦后不能产生静电,所以纸花肯定不会跟着移动。

幼3:细吸管和粗吸管是一样的,我觉得都可以产生静电,使纸花跟着旋转。

师:是不是所有的东西通过摩擦后都可以产生静电,放在塑料杯外轻轻绕圈移动都能使纸花旋转起来呢?

2. 幼儿分组操作,验证猜想,交流讨论自己的发现并记录实验结果。

引导语:现在请小朋友去试一试,把这些物品用丝绸布摩擦后再放在塑料杯外轻轻绕圈移动,看看纸花有什么变化?把实验结果记录下来,看看自己的猜想和操作结果是否一样,并和小朋友交流操作过程和结果。

材 料	猜 想 ?	结 果
橡胶棒		
木棒		
粗吸管		
细吸管		

续表

材料	猜想❓	结果✋
塑料尺子		
回形针		

3.结合记录表，集中分享交流：你有什么发现？你用什么材料摩擦后产生了静电？

幼1：我把粗吸管和细吸管用丝绸布摩擦后产生了静电。

幼2：我用橡胶棒，摩擦后就产生静电了。

师：你们怎么知道这些材料产生静电了呢？

幼1：因为我的纸花旋转起来了，我用的是粗吸管和细吸管，它们都能产生静电。

幼2：它们肯定是产生了静电，所以放到塑料杯外移动，纸花才会跟着移动。

幼3：对。我用丝绸布摩擦木棒后，木棒放在塑料杯外轻轻绕圈移动，纸花没有跟着移动，所以木棒不能产生静电。（见图4）

幼4：金属棒和回形针也不能产生静电，因为它们摩擦后放在塑料杯外轻轻绕圈移动，纸花没有跟着移动。

图4

师：从记录表我们可以看到，有的小朋友操作的结果是不一样的，有的小朋友认为橡胶棒可以摩擦起电，有的小朋友认为不行，他们谁是正确的呢？

幼5：橡胶棒可以摩擦起电，因为我刚刚把它们摩擦后放在塑料杯外轻轻绕圈移动，纸花就转起来了。

幼6：橡胶棒不是塑料，它不能使纸花旋转起来。

教师引导幼儿再次操作验证。

4.梳理小结：不是所有的东西与丝绸布摩擦后都能产生静电，丝绸布摩擦过

大班科学活动

的橡胶棒、粗吸管、细吸管放在塑料杯外轻轻绕圈移动，纸花都会跟着移动，也就是产生静电了，橡胶和塑料制品容易产生静电。

5. 让幼儿再试一试，探究橡胶棒和粗、细吸管还可以和哪些东西摩擦产生静电。让幼儿自由探索发现：用衣服、头发、皮肤等来摩擦塑料制品和橡胶棒，都会产生静电，拓展幼儿的认知。

四、联系生活，拓展和迁移认知经验

1. 观看动画视频"静电小常识"，了解日常生活中哪里存在静电现象。

引导语：我们在生活中还遇到过什么样的静电现象？可以怎样利用静电呢？一起看看大屏幕。

师：我们可以利用静电，那静电有什么危害呢？

幼1：电视屏幕表面的静电容易吸附灰层和油污。

幼2：在煤矿里，静电会引起瓦斯爆炸，会导致工人死伤事故。

幼3：轻微的静电会导致头发干燥，脱衣服时静电会使人感到轻微的疼痛。

2. 防止静电小妙招。

引导语：我们可以用什么方法来防止或减少静电呢？

幼1：要保持身体湿润，冬天避免穿化纤类衣物，尽量穿棉布料的衣服。

幼2：天气干燥的时候要注意擦护肤霜等来防止静电。

幼3：在家里要勤扫地拖地，必要时要使用加湿器来保持空气湿度。

幼4：梳头发时，将梳子打湿，或者使用木制梳子。

师：静电可真有趣，科学区还有很多不同的材料，你们可以继续去玩有关静电的游戏，相信会有更多的发现。

3. 梳理小结：静电给我们的生活带来了很多便利，比如静电除尘，它让我们的生活处在一个更卫生的环境当中；静电打印，为我们的工作节约了很多时间；静电印花，可以让我们欣赏到不同图案和颜色的织布。

活动延伸

1. 在活动区，教师指导幼儿用塑料尺子顺一个方向摩擦两根鸡毛尖，然后双手各拿鸡毛根部，让鸡毛尖头那部分相对，观察鸡毛尖的变化。（见图5）

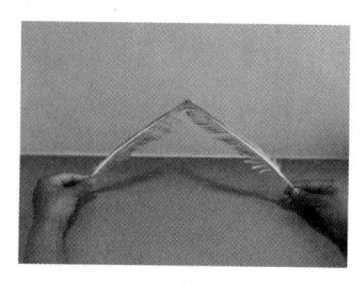

图5

2.教师引导幼儿寻找班级里能够摩擦起电的物品，并和他人交流自己的发现。

教师思考

1.教师用谈话的方法导入，加上提问的环节，一方面激发了幼儿的探究兴趣，另一方面可以帮助幼儿回忆被"电到"的经历，直接切入这节课的主题，使幼儿对静电充满好奇。在这过程中，幼儿自主体验，用实验验证自己的猜想，知道了哪些物体摩擦之后可以产生静电，哪些物体摩擦之后不会产生静电，从而构建新的知识经验。教师采用启发性提问，鼓励幼儿大胆表达。通过动画视频，以幼儿易接受的方式获取静电知识，拓展幼儿知识结构，使其获取更多的认知经验。

2.为幼儿提供适宜的材料，体验用丝绸布摩擦过的橡胶棒可以产生静电，知道静电和摩擦起电的现象。教师为幼儿提供充足的表达表现的机会，让幼儿在玩中学、做中学、游戏中学。活动过程包括产生疑问、大胆猜想、认真观察、实验验证、交流讨论、得出结论等步骤。幼儿先根据疑问在实验前大胆猜想哪些材料能产生摩擦起电现象，并且将猜想记录下来，然后再仔细观察、亲自动手操作进行验证，并记录实验结果，最后分享、交流、讨论、再验证，得出结论。

活动评析

1.活动内容适宜，激发幼儿探究的欲望。

题材来源于生活中幼儿感兴趣的静电现象，教师及时抓住了幼儿的兴趣点和已有的认知经验，引发幼儿进一步探究的欲望，丰富有关静电的知识经验。

2.顺应幼儿学习规律，支持幼儿自主建构经验。

探索过程中，教师没有"教"给幼儿知识技能，而是提供材料让幼儿自己去试一试：怎样让纸花旋转起来？哪些材料能产生摩擦起电现象？幼儿在一次次和材料的互动中发现了静电现象，知道摩擦起电的操作方法。教师充分相信幼儿的能力并放手让幼儿在游戏中体验和尝试静电现象。幼儿在玩中学、学中玩，在活动中表现出了积极主动、热情投入、敢于尝试、喜欢探索等良好的学习品质，这将会对幼儿在其他领域的学习与发展产生积极的影响。

12 气球变大了

设计者：许华欣（厦门市同安区天骄幼儿园）
评析者：邵伟妮（厦门市同安区天骄幼儿园）

活动由来

各种各样的气球在生活中很常见，也是幼儿最喜欢的玩具之一。幼儿都知道可以用嘴巴吹气使气球变大，殊不知生活中常见的小苏打和醋混合产生气体也能使气球变大。《指南》中明确指出，幼儿科学学习的核心是激发探究兴趣，体验探究过程，发展初步的探究能力。因此教师设计本次活动，引导幼儿体验真实的探究过程，扩展幼儿的生活经验与科学视野，感受科学探究的乐趣，知道"科学并不遥远，科学就在身边"。

活动目标

1. 知道醋和小苏打混合在一起会产生气体让气球变大，了解气体产生的多少与材料的用量有关。
2. 能用自己的方法记录并描述醋和小苏打混合之后的变化，大胆表达和交流自己的发现。
3. 愿意主动分享实验结果，体验探究的乐趣和成功的喜悦。

活动准备

1. 经验准备：生活中对于醋和小苏打有一定的认识。
2. 物质准备：醋、小苏打粉、白糖、盐、漏斗、塑料瓶、吸管、气球、小汤勺、步骤图、记录表、记录笔等。

活动过程

一、游戏导入，激发幼儿玩气球的兴趣

1. 猜谜游戏。

引导语：今天老师给你们带来了一个礼物，一物真奇怪，胖也快，瘦也快，胖能天上飞，瘦了落下来。请你们猜一猜，我给你们带来了什么？

幼1：是降落伞。

幼2：是孔明灯。

幼3：是气球。

师：猜对啦！就是小朋友们经常玩的气球。

2. 吹气球比赛：幼儿人手一个气球，听老师口令进行10秒钟倒计时的吹气球比赛。

3. 分享交流：还有什么方法可以使气球变大呢？

幼1：用打气筒往气球里打气。

幼2：往气球里装水。

梳理小结：生活中有很多种方法可以使气球变大，比如打气、装水。

二、出示实验材料，引导幼儿感知并猜想记录

1. 幼儿观看"瓶子吹气球"的视频，引导幼儿进行观察猜想。

引导语：瓶子说它也可以把气球变大，你们相信吗？我们一起来看看它是怎么"吹"气球的。

幼1：瓶子里有水，跑到了气球里。

幼2：瓶子把气球撑开了。

梳理小结：瓶子里面装的不是水，是两种材料混合在一起形成的泡泡液产生了气体使气球变大。

2. 幼儿感知实验材料——白醋、小苏打粉、白糖、盐。

引导语：老师给你们准备了一些材料，我们一起来看一看、闻一闻、摸一摸、猜一猜它们都是什么？

幼1：这个闻起来酸酸的应该是醋。

幼2：这个小小的、一颗一颗的是盐，大一点的是白糖。

幼3：这个白色粉末摸起来细细的，应该是小苏打粉，操作科学活动时我有见过。

3. 出示记录表，引导幼儿集体猜想并记录。

引导语：你们猜一猜这4种材料中，哪两种材料混合在瓶子或气球里，会产生气体让气球变大呢？用自己的方式记录在记录表上。

材 料	猜 想 ?	结 果 ✋	发 现 🔍

幼1：我觉得是小苏打粉和白糖混合在一起。

幼2：我觉得是小苏打粉和盐混合在一起。

师：大家都有不同的想法，等一会儿你们一起动手试一试吧。

三、引导幼儿初次探究实验，了解醋和小苏打混合在一起会产生气体，有气泡

1. 教师提出实验要求，引导幼儿将发现记录下来。

引导语：请3个小朋友为一组，相互配合进行实验操作，操作完成后要认真观察气球的变化，并把发现记录在记录表上。使用材料时要注意安全，不要弄到眼睛里面了。实验材料是不可以吃的，做完实验要把材料放回原位。

2. 幼儿3人一组自主操作，教师巡回指导。

3. 分享交流：你们使用了哪两种材料，是怎么操作的？气球发生了什么变化？

幼1：我们一个人撑着气球的口，另一个人把小苏打粉和盐倒进气球里，再把气球的口套在瓶口上，气球没有发生变化。

幼2：我们是把小苏打粉和白糖倒在瓶子里，再把气球的口套在瓶口上，气球也是没有发生变化。

幼3：我们是把小苏打粉和醋都倒进瓶子里，有看到气泡，再把气球的口套

在瓶口上，但是气球就大了一点点。

师：看来小苏打粉和醋放在一起会有反应，产生气泡，可是为什么气球只大了一点点？

幼4：我觉得是他们套气球的速度太慢了，套上去的时候气泡已经没有了。

师：那怎么样才能更快一点呢？

幼5：要相互配合，一个人拿着气球在旁边准备好，看到有气泡赶紧套上去。

4.梳理小结：我们通过实验知道了醋和小苏打混合在一起会产生气体。

四、引导幼儿再次探究实验，感知醋和小苏打混合在一起产生的气体会让气球变大的现象，了解产生气体的多少与材料的用量有关

1.教师结合步骤图，讲解示范实验操作。

步骤一：一个人拿着漏斗，另一个人把气球套在漏斗口上。（见图1）

步骤二：用漏斗往气球里装进适量的醋。（见图2）

步骤三：再用漏斗往瓶子里装入小苏打粉。（见图3）

图1 　　　　　　　　图2 　　　　　　　　图3

步骤四：拉开气球的口，靠近瓶口边缘。（见图4）

步骤五：一个人扶住瓶子，另一个人把装有醋的气球套在装有小苏打粉的瓶口上，并把醋倒入瓶中。（见图5）

图4 　　　　　　　　图5

2. 教师提出实验要求。

引导语：把气球套在漏斗口的时候要轻轻地用手将气球撑开，把气球套在瓶口的时候要用力将气球撑开。操作完成后要认真观察气球的变化，并把发现记录在记录表上。

3. 幼儿分组操作，教师巡回指导。

4. 分享交流：气球发生了什么变化？为什么有些气球比较大，有些比较小？

幼1：气球变大了，比刚才的还大。

幼2：为什么我的气球比你小？

幼3：漏气了？

幼4：你的醋和小苏打粉用太少了。

5. 请幼儿上台示范操作，了解产生气体的多少与材料的用量有关。

幼：我加入了3勺的醋和3勺的小苏打粉，你分别只加了1勺，所以我的瓶子里产生的气泡比你多，气球也比你大。

6. 梳理小结：小苏打和醋混在一起会产生气体，淘气的气体跑到气球的肚子里，把气球撑大了，而且两种材料用得越多，产生的气体越多，气球就会被吹得越大。尝试的次数越多，实验结果就可能越准确。

活动延伸

将材料投放到科学区，引导幼儿继续进行科学探究。

教师思考

在此次活动中，幼儿能充分运用多种感官探究醋和小苏打混合在一起，产生的气体让气球变大的现象，积极猜想、大胆表达和交流自己的发现，活动氛围自主且融洽。

首先，幼儿通过观察实验得出"两种材料混合在一起形成的泡泡液产生了气体使气球变大"的结论。在感知实验材料环节中，幼儿面对有干扰项的材料，通过思考，猜想是哪两种材料混合在一起产生了气体，使气球变大，紧接着在不知道实验步骤的情况下自主探索，并将发现记录下来。幼儿通过充分探究，拓展了经验和视野。但是仍有以下需改进的地方：第一，在实验结束后，幼儿总结实验现象时，教师应对幼儿的语言表达加以规范指导，引导幼儿较完整地表达自己的发现及问题；第二，能产生气体的材料有很多种，在保证安全的情况下，可以引导幼儿自主收集，再次实验。

> **活动评析**

1. 追随幼儿的问题，引发深度思考。

当幼儿表达出自己的发现"把小苏打粉和醋都倒进瓶子里，有看到气泡，再把气球的口套在瓶口上，但是气球就大了一点点"时，教师及时小结"小苏打粉和醋放在一起会有反应，产生气泡"，并追问"可是为什么气球只大了一点点"，助推幼儿深度思考。

2. 材料投放递减，聚焦深度探究。

材料提供由丰富开放到调整聚焦，从含有干扰性的多样化材料递减到聚焦探究目标材料，可以让幼儿的学习出现"探究—初步了解—再探究—聚焦深度"的探究性学习过程，推进已有经验的提升，使幼儿的探究进入到层级递进的深度学习状态。

3. 积极创设机会，重视表达交流。

科学不仅仅是做出来的，也是说出来的。表达交流能力是指幼儿通过多种方式，将形成的想法和探究的结果进行表征、论述，将科学过程和结论进行总结、传达、分享的过程。本活动中，教师积极创设机会，以问题导向为幼儿搭建表达交流的平台。幼儿能积极主动且比较完整地表述自己的发现，并能与同伴积极互动、大胆质疑，展示出较强的表达能力。

大班科学活动

13 水的皮肤

设计者：叶晓芳（厦门市同安区竹坝幼儿园）
评析者：郑妍妍（厦门市同安区竹坝幼儿园）

活动由来

幼儿在户外活动时发现幼儿园种植的荷叶上常常有一颗颗小水珠，幼儿对荷叶上的水珠很好奇，常有一群孩子围着那缸荷叶看，有个幼儿问："老师，为什么荷叶上会有一颗颗的小水珠。"教师神秘地告诉他："水有神奇的力量。"幼儿便问："是这荷花缸的水有神奇力量，还是所有的水都有这种力量？"《指南》指出，大班幼儿要能够对自己感兴趣的问题总是刨根问底；能经常动手动脑寻找问题的答案；能通过观察、比较与分析，发现并描述不同种类物体的特征或某个事物前后的变化。因此教师设计本次活动，旨在让幼儿通过一次次地探索，感知水的表面张力，通过对比感知不同液体的表面张力不同，萌发对生活中水的表面张力现象的关注，从而解决自己在活动中发现的问题。

活动目标

1. 通过探索初步感知水的表面张力现象。
2. 对比不同液体的张力，发展观察力。
3. 喜欢关注生活中水的表面张力现象，对探索中的发现感到兴奋。

活动准备

1. 经验准备：幼儿对物体的沉浮有一定了解，通过玩科学活动材料，知道围棋子、纽扣、按扣和曲别针会沉入水底。

2.物质准备：硬币、纽扣、曲别针、按扣、围棋子，滴管、塑料杯、记录卡、托盘、小毛巾等。

活动过程

一、幼儿观察猜想导入，激发实验兴趣

出示一个装满水的杯子和围棋子，引发幼儿猜想装满水的杯子能否再装东西。

引导语：今天老师这里有个装满水的杯子，大家来猜猜，装满水的杯子还能装下围棋子吗？

幼1：装满水的杯子装不下围棋子了。

幼2：装满水的杯子装不下其他东西，再装水就满出来了。

幼3：我觉得可能可以再装下一颗围棋子。（见图1）

图1

二、幼儿实验，发现水的表面张力现象

引导语：有的小朋友认为装满水的杯子装不下围棋子了，有的认为可能可以装下围棋子，现在我们来试一试。

1.用实验验证猜想。将塑料杯装满水，但不要溢出来，将围棋子放进杯中，观察并记录发现。

2.交流分享：装满水的杯子，还能再装下围棋子吗？放入围棋子后你有什么发现？猜一猜：为什么水没有溢出来？

幼1：原本我猜想的是装满水的杯子不能再装下围棋子了，实验时发现，放入围棋子水没有溢出来。

师：除了水没有溢出来，你还有其他发现吗？

幼2：我猜想的是装满水的杯子不能再装下围棋子了，实验时发现可以装下围棋子，六颗围棋子都放进去，水都没有溢出来，水面鼓起来了，像有一层膜。（见图2）

图2

大班科学活动 231

师：猜猜看，为什么水没有溢出去，而是鼓起来？

幼3：水有力量，而且鼓起来的膜把水罩住了。

3.梳理小结：水和许多物质一样，是由叫分子的微粒组成的，水分子在表面黏合得很紧，形成了一层膜，这层膜就像水的"皮肤"一样。往盛满水的杯子里加围棋子，水面会慢慢地变高却不会流出来，因为水的表面张力就像人的皮肤一样，让水不会流出来。

三、将纽扣、按扣、曲别针分别放在水面上，探索它们能否浮在水面

1.出示纽扣、按扣、曲别针，提问：你认识这些材料吗？把它们放到水里，它们会是沉到水底还是浮在水面？

幼：我之前玩过实验，纽扣、按扣、曲别针是沉在水底的。

2.幼儿尝试探索让纽扣、按扣和曲别针浮在水面。

引导语：我们知道这些纽扣和曲别针放入水里会沉下去，怎样才能让他们漂在水面上呢？

幼1：轻轻放在水面上。

师：你们觉得他这样放可以吗？

幼2：可以。

师：大家还有其他的方法吗？

幼3：从杯子的边轻轻地往水面上放。

师：到底是哪种方法能让它们浮在水面？我们一起来试试，每完成一种尝试后，将结果记录在记录表的结果栏中。

材　料	猜　想 ?	结　果	发　现

3.幼儿依次尝试，并分享实验结果和成功的经验。

引导语：谁来分享你的实验结果？你是怎么操作的？

幼1（边演示边答）：我尝试了好几次，终于让他们漂在水面上了。每次放的时候一定要很小心，很轻。

师：大家觉得这样可以吗？

幼2：还要沿着杯子的边沿，慢慢往里推。（见图3）

幼3：我尝试了直接从中间轻轻放，就沉下去了。

图3

幼4：它们漂在水面上，我碰了纽扣一下，它就沉水里了。

4.梳理小结：水的表面张力使得水的表面可以承受轻微的压力。实验中的曲别针、纽扣、按扣等物品很轻，轻轻地放在水面，不会戳破水的"皮肤"，所以能浮在水面上，如果用手戳破水的"皮肤"，这些物体就沉入水底了。

四、幼儿将不同的液体滴在硬币上，对比泡泡水、盐水的表面张力

1.引导幼儿猜测将泡泡水和盐水滴在1元硬币上，直到水滴溢出硬币，滴的水滴是否一样多，感知不同液体表面张力不同。

引导语：这边有两杯不一样的水（泡泡水、盐水），如果用滴管把它们分别滴在两个1元硬币上，会发生什么现象？

幼1：硬币上装水，应该装得不多吧。

师：咱们等一会儿试试。如果硬币能装水，你们猜猜它能装多少滴盐水或泡泡水。

幼2：我觉得可能装10滴。

师：泡泡水装10滴，还是盐水装10滴？

幼3：泡泡水装10滴。

幼4：盐水装10滴。

2.结合记录表，鼓励幼儿大胆猜想并尝试两种液体的对比实验。

（1）出示记录表，引导幼儿猜想后实验，将两种水分别滴到1元硬币上，看看硬币能装多少滴水？实验时仔细观察并记录结果。

大班科学活动　233

水的类别	猜　想❓	结　果✋
盐水		
泡泡水		

（2）幼儿操作，尝试并对比两种液体滴在1元硬币上的情况。（见图4）

3.幼儿交流分享，对比实验。

引导语：现在请小朋友来说说你的发现，看看自己的猜想和操作结果是否一样。哪个硬币装的水多呢？

师：从记录表我们可以看到，有的小朋友的猜想和操作的结果是一样的，有的小朋友是不一样的，谁来分享一下你的发现？

图4

幼1：我的猜想和实验结果是一样的。1元硬币上装的泡泡水比盐水少。

幼2：我的猜想和实验结果是不一样的。但是我也发现了1元硬币上装的泡泡水比盐水少。

师：大家是怎么比较的呢？

幼3：我是数水滴数量，泡泡水滴到第12滴就溢出来了，盐水滴到第31滴才溢出来。

幼4：我也是数水滴数量，泡泡水滴了10滴就溢出来了，盐水滴了33滴才溢出来。

师：通过数水滴来比较两种液体哪个滴得多是一个好办法，大家还有其他比较的方法吗？

幼5：我是看硬币上水鼓起来的高度，盐水鼓起来的水面比泡泡水鼓起来的高。

4.梳理小结：当水里加入洗洁精变成泡泡水，水分子在表面黏合力就变得相对小，所以泡泡水装在1元硬币上的水比盐水少。

五、寻找生活中水的表面张力现象

1.教师出示幼儿观察荷叶照片,引出幼儿户外活动提出的问题,并解答。

引导语:上次你们观察荷叶提出的问题,今天找到答案了吗?

幼1:水之间黏合得很紧,形成了一层膜。

师:水分子之间黏合得很紧,在表面形成了一层膜。

幼2:这层膜就像是水的"皮肤",把水包在一起,所以荷叶上会有一颗颗的水珠。

师:是的,大家通过自己观察寻找到了问题的答案。那么生活中还有哪些现象是和水的"皮肤"有关的?

2.鼓励幼儿细心发现,大胆交流。

幼1:吹泡泡也是和水的"皮肤"有关的。

师:是的,吹泡泡时,外面有层膜包着空气,变成一个个泡泡。生活中很多地方都有与水的"皮肤"有关的现象,看咱们幼儿园那缸荷花的水面上有什么?(边说边出示图片)

幼2:有小小的虫子。

师:知道它们的名字吗?

幼3:水虫。

师:它叫水黾,它是在水面上浮着吗?

幼(齐):是的。

师:猜猜为什么它可以停留在水面上,不会落到水里呢?

幼4:水的表面有层膜。

师:水分子在表面黏合得很紧,形成了一层膜,这层膜就像水的"皮肤"一样,使得水的表面可以承受轻微的压力。水黾很轻,腿上长满了又细又长的绒毛,绒毛轻轻撑住水面,不会戳破水的"皮肤",所以水黾就不会掉到水中去了。除了水黾,猜猜还会有其他小动物落在水面不掉下去吗?咱们可以再去找找,和小伙伴一起分享。

> **活动延伸**

在区域活动中提供碎纸片、洗洁精、塑料杯、滴管、水。在塑料杯中装半杯水,把碎纸片撒在水中,观察碎纸片是漂浮在水面上还是沉下去。也可以用滴管滴几滴洗洁精在杯子里，观察碎纸片的变化。

教师思考

教师在猜想导入环节，主要通过提问的方式，激发幼儿活动的兴趣和参与活动的主动性。幼儿大胆猜想后，通过实验，充分验证自己的猜想，发现水的张力现象，为后续的探究做好经验的铺垫。

活动中幼儿通过尝试、探索，充分感知水的表面张力，而后师幼共同梳理经验，发现让几种物体漂在水面的方法。在对比环节，教师提供不同液体（泡泡水、盐水），引导幼儿通过猜想、观察、比较发现泡泡水和盐水的表面张力不同。虽然猜测时，幼儿可能会有不同的想法，但经过实践都能发现，盐水表面的张力明显比泡泡水表面的张力大。幼儿滴液体时，教师能够针对难点引导幼儿慢慢滴（液体滴得太快不便于对比）。在充分感受水的表面张力现象后，引导迁移思考，解决先前提出的问题，并寻找生活中其他有关水的表面张力现象，幼儿兴趣浓厚，参与度高。

活动评析

1. 目标科学，环节清晰。

教师抓住户外活动中幼儿的发现及困惑，根据大班幼儿年龄特点，制订活动目标，活动过程环环相扣，逐步引导幼儿自主探究，发现水的"皮肤"的秘密。在导入环节设置疑问，引发幼儿猜想，使幼儿更快地想进行科学探究。最后环节将实验结果引回到幼儿在户外活动中的发现及困惑，解决问题，并进一步巩固探索经验。

2. 幼儿为主，教师为辅。

教师重视让幼儿主动探索，不急于揭示答案，给予幼儿充分的时间探索、分享、记录。面对问题"装满水的杯子还能装下围棋子吗"和在"对比泡泡水、盐水的表面张力"等环节，幼儿有充足的时间探索、分享、提出问题再尝试。教师巧设悬念，使幼儿的探究兴趣更加浓厚。在反复实验过程中幼儿好奇心不断被激发，不断得到满足，幼儿的学习始终处于一种主动、积极、快乐的动态中。

14 水有力气

设计者：胡玉梅（厦门市同安区大同中心幼儿园）
评析者：江清盆（厦门市同安区大同中心幼儿园）

活动由来

在一次玩水游戏中，幼儿发现把矿泉水瓶、塑料船、小鱼等材料放在出水口，材料会被水冲走。他们对"东西会被冲走"的现象和原因产生了浓厚兴趣。孩子们争论不休，甚至提出问题：同样是出水口，为什么有的出水口东西冲不走，有的冲不远，有的又冲得很远？这跟物体的轻重、水的流动，抑或是水的力气有关吗？带着这样的问题，教师带领幼儿继续探究。

活动目标

1. 在观察、操作和体验中发现水的冲击力与出水口大小、深浅之间的关系。
2. 能用语言描述探究过程中的现象和发现，并做简单的记录。
3. 在探究水的冲击力过程中，对自己的发现感到兴奋和满足。

活动准备

1. 经验准备：幼儿有玩水的经验。
2. 物质准备：同一高度开一大一小孔洞的1.5升矿泉水瓶（第一份材料）、不同高度开一样大小孔洞的1.5升矿泉水瓶（第二份材料）、长水管一条、透明脸盆、1升量杯、记录表、量尺等。
3. 环境创设：桌上摆放好第一份材料（放在透明脸盆里），第二份材料放在桌子底下。

活动过程

一、启发思考，激发幼儿参与活动的兴趣

1. 谈话导入，提出问题。

引导语：上次玩水时，小朋友们发现材料放在出水口会被冲走，想一想：为什么材料会被冲走？

2. 结合经验，大胆猜想。

幼1：重的东西放在水上会沉下去，不会被冲走。轻的东西放在水上会浮起来，就被冲走。

幼2：因为水会流动，所以东西在水里就会被冲走。

幼3：我站在出水口前面，水一直打我的腿，我的腿都快站不住了。

幼4：对对对，我用手把出水口堵住，也感觉到有很大的力气推我的手。

师：到底是什么原因，我们不妨来体验一下。

3. 亲身体验，谈谈感受。

引导语：这是一条水管，请把你的手掌心向着我，水管喷出的水碰到你的手，你是什么感受？

幼1：感觉像在按摩，我觉得很舒服。

幼2：我感觉有一点点痛。

幼3：我的手都后退了。

师：是什么让你的手后退了？

幼3：有一股力气打在我的手上，我的手就后退了。

师：我把水关小一些，你们再感受一下。

幼4：像在挠痒痒，哈哈，有一点点痒。

幼5：我感觉水都快碰不到我的手了。

幼6：有小水滴落在我的手掌心，像在下蒙蒙细雨的感觉。

幼7：啊，水的力气有大有小啊。

4. 出示图片（见图1~2），师幼小结。

图1　　　　　　　　　　　　图2

5. 梳理小结：快速流动的水是有冲击力的。

二、引导幼儿动手操作，探索发现水的冲击力与出水口大小的关系

1. 图片引入，提出问题。

引导语：把一个漏斗扣在出水口处，水柱变小了。（见图3）那么，水的冲击力是变大还是变小了呢？

2. 大胆猜想，简单记录。

幼1：我觉得变小了，因为水变少了。

幼2：我觉得变大了，你看那个水喷得更远了。

图3

幼3：变小了，我好像听到声音变小了。

幼4：你没看到水的浪花小了吗？肯定是变小了。

师：请把自己的猜想用喜欢的符号画在记录表上。

出水口大小	猜　想❓	结　果✋	发　现🔍
⭕			
⭕			

3. 提供第一份材料，分组操作。

引导语：这个矿泉水瓶的瓶身上有两个洞，是同一高度一大一小的两个孔洞，（见图4）大家去试试，验证猜想，别忘了及时记录实验结果。

4. 集中交流，探索结果。

图4

大班科学活动　239

引导语：哪个出水口喷出的水冲击力更大？为什么？

幼1：小的出水口喷出的水冲击力更大，因为它喷得比较远，我还用尺子量了。

幼2（边演示边答）：我两只手分别放在一大一小两个出水口上，感觉口子小的水力气更大。我刚刚猜的都不对了。

幼3：我看到小的孔洞水好像跑得更快。

幼4：跑得快就是流得快啦。

5.梳理小结（结合图片）：出水口越大，喷出的水越近，冲击力越小；出水口越小，喷出的水越远，冲击力越大。（见图5）

图5

三、引导幼儿再次操作，探索发现水的冲击力与出水口深浅的关系

1.出示第二份材料，问题引入，大胆猜测。

引导语：这个矿泉水瓶的瓶身有一上一下两个大小一样的孔洞，（见图6）请你猜一猜出水口的深浅与冲击力的大小又有什么关系。

幼1：我觉得水会从上面的孔先流走，上面没水了才会从下面的孔流出去。

幼2：不对，有孔水就会流出来啊，应该是两个洞都有水流出来。

幼3：我觉得出水口深一些的话它喷得更远一些，因为上面的水多，比较重。

图6

师：所以你觉得出水口在下面就是比较深的，水的冲击力是更大还是更小？

幼3：我觉得出水口比较深的话，水的冲击力会更大。

师：请把你们的猜想用自己喜欢的符号画在记录表上。

出水口深浅	猜　想 ?	结　果	发　现
├			
├			

2.分组操作，验证猜测。

240　幼儿园科学活动优秀案例精选

引导语：结果到底是怎样的？需要动手试一试才知道。

3. 集中交流，探索结果。

引导语：哪个位置的出水口喷出的水冲击力大？为什么？

幼1（边演示边答）：下面的出水口喷出的水冲击力更大，因为它喷得更远。

师：你们认同他的观点吗？

幼2：对啊，水流得快就喷得远。

幼3：我看到出水口在下面的水流速度很快，喷得也更远，所以它的力气更大。出水口在上面的水都贴着矿泉水瓶流下来了。

图7

4. 梳理小结：出水口越深，水喷得越远，冲击力越大；出水口越浅，水喷得越近，冲击力越小。（见图7）

四、回归生活，发现生活中水冲击力的应用

1. 提出问题，启发联想。

引导语：生活中哪些地方运用到水的冲击力原理？

幼1：我在抖音上看过水的冲击力可以像刀一样切割钢板。

幼2：我爸爸说过洪水、海啸会产生很大的力量，造成破坏，不过人类很聪明，可以把水的这些冲击力用于发电。

幼3：放假的时候，我和爸爸妈妈去欧乐堡玩的"空中飞人"就是水的冲击力让我"飞上天"的，太好玩了。

2. 梳理小结：温泉场所的水疗仪器、路上的清洁车、灭火的消防车、大坝里的水力发电站等都运用到水的冲击力原理，它让我们的生活变得更便利。

活动延伸

1. 玩水推进：利用水的冲击力原理，想想还可以怎么玩水。

2. 区域活动：在科学区继续探索水的冲击力；在美工区制作矿泉水瓶喷射器，进行喷射比赛等。

3. 生活发现与创造：你在幼儿园、生活中还发现了哪些现象是可以用水的冲击力原理解释的？说一说。

大班科学活动 241

教师思考

通过观察幼儿在游戏中争论的话题，及时把幼儿的"无意行为"转化为"有意行为"，激发幼儿对水冲击力的思考。活动过程中，教师始终以问题为导向，带领幼儿深入思考"水的冲击力与出水口大小、深浅之间的关系"，培养了幼儿的观察和实验操作能力。同时，将水的冲击力与生活联系，培养幼儿的实用性思维，也形成了"以问题带动思考，以思考累积经验，以经验解决问题"的良性循环。当然，在活动设计和实践中，如能更注重幼儿的个体差异，鼓励不同观点和解释的表达，更能激发幼儿思考的深度和广度。

活动评析

1. 巧妙选题，设计独特。活动选题的巧妙之处在于教师通过对幼儿在水游戏中产生的好奇心和疑惑的敏感捕捉，将一个简单的观察现象转化为有深度的科学学习活动。在活动的设计上并非仅停留在简单地观察水流现象，而是通过提供不同孔洞大小、深浅的矿泉水瓶等实验材料，引导幼儿深入探究水的冲击力与出水口大小、深浅之间的关系。最后，落脚在水冲击力原理在生活中的应用上，这种"从生活走向科学，从科学回归生活"的设计，让幼儿在实践中建构知识，在生活中运用知识，实现"学以致用"的教育真谛。

2. 活动过程，深入浅出。活动过程是教师巧妙运用亲身体验和视觉感知，将抽象的概念深入浅出、生动呈现的过程。教师通过让幼儿亲身感受水的冲击力，观察水流速、方向、喷射的远近等具象化现象，成功地将抽象的科学原理融入富有趣味性和互动性的活动中。同时，在引导幼儿讨论问题、大胆猜想的基础上，教师运用有效提问、实际操作等方式引发深度思考，促使幼儿从问题的思考和直观的体验中，推理出水的冲击力与出水口的大小、深浅有关，使得科学原理更加具体和直观。

3. 寓教于乐，效果显著。通过游戏性、操作性的教学活动，教师成功将水的冲击力探究转化为生动有趣的教学过程，使幼儿在玩乐中获得了科学启发。活动在激发幼儿兴趣的同时，注重培养他们的观察、实验和团队协作能力，为他们提供了全面发展的机会。在启发性问题的引领下，教师不仅让幼儿深入理解水的冲击力，还拓展了他们对科学知识在日常生活中的应用意识。这一寓教于乐的教学方法取得了显著的效果，为幼儿提供了一场兼具趣味性和教育性的学习体验。